생각이 늙지, 나이가 늙냐?

지은이
조용호

시니어 세대, 삶과 성(性)의 지혜 44선

생각이 늙지, 나이가 늙냐?

"건강하고 젊게 살려면
스스로 건강하고 젊다고 생각하라."

생각이 정신과 육신을 지배하며, 나이는 거기에 따라간다

바른북스

프롤로그

시니어가 스타이다

미국의 PGA 시니어 골프대회는 만 50세 이상의 선수들이 출전한다. 2025년 기준으로 1975년 이전에 태어난 사람들이다. 50세 이상의 선수들은 젊은 선수가 아니고, 노년 선수로 간주한다는 말이기도 하다.

스포츠에서는 이렇게 노년의 기준이 빠르다. 사회생활에서 50세는 한참 일을 하는 청춘과 다름없는 활기찬 나이이다. 100세 인생을 기준으로 할 때 반밖에 지나지 않는다. 그럼에도 노년으로 넘어가니, 50세가 결코 젊은 나이는 아닌 듯하다.

우리나라에서 노인은 만 65세로 친다. 지하철도 무료이고, 공원 입장에도 돈을 내지 않는다. 올해로 내 나이가 만 70세에 들어섰다. 미 골프대회로 계산한다면 이미 20년 전에 시니어가 된 것이다. 나는 오래전 "65세까지만 살겠다."고 가족들에게 말했다. 왜냐하면 65세는 나에게 절대 오지 않을 나이로 생각했기 때문이다.

  그런데 세월은 흘러 어느덧 약속한 65세가 훌쩍 지나가고 70세가 되어버렸다. 얼마 있지 않아 75세, 80세가 될 것이나, 이때부터는 몇 세라는 수치적 개념은 없어지고, 생사(生死)의 기로에 서게 될 것이다. 물론 100세 인생이 기다리고 있으나, 그것은 행운과 재앙, 어느 쪽에 설지는 모르는 일이다.
  무심히 흘러가는 시간의 흐름과 인간의 노쇠 현상을 감안할 때, 결국 50세 이후부터는 광의적으로 '노년', 이른바 시니어(Senior)의 반열에 들어갈 수 있겠다. 50, 60, 70, 80, 90, 100세대 등 50~100세대가 모두 노년이 되는 것이다. 하여 나는 시니어를 간단히 50~100세대라고 부른다. 아마도 전체 인구의 절반 가까이 차지할 것이다.

  나는 '노인' '노년' '장년'이라는 단어를 싫어한다. 그렇게 부르는 것도 싫고, 그렇게 불리는 것은 더욱 싫다. 단어의 뉘앙스가 쪼그라들어 쇠약하고, 불쌍하고 처량해 보인다. 그런 단어들보다 좀 세련되고, 노인의 의미를 감추는 듯한 의미의 단어로, 오히려 영어단어 '시니어'가 나아 보인다. 시니어에서 조금 발전된 용어가 액티브 시니어(Active Senior)이다.

이 책에는 액티브 시니어를 소재로 한 글도 들어 있다. 이 용어는 연륜이 있으면서도 젊어 보이고 활기차고, 건강한 것 같다. 주변에서 시니어나 액티브 시니어 등 시니어가 들어가는 용어를 많이 써주었으면 좋겠다. 듣기도 훨씬 좋아 보인다.

나는 1955년생으로 베이비붐 세대의 맏형인 셈이다. 우리는 전쟁의 상처가 채 아물기 전인 어려운 시대에 태어나 살기가 힘들었으나, 다행히 기회도 많아 노력한 만큼 보상을 받았다. 이제는 어엿한 시니어가 되어 할아버지 할머니 세대가 되었다. 베이비붐 세대보다 앞선 이전의 선배 세대는 더 많은 고생을 하였다.

베트남 전쟁 참여와 독일 광부와 간호사 파견, 열사의 중동 건설현장으로 보면 알기 쉬울 것이다. 그들은 밥 굶지 않고 먹고살기 위해 열심히 일했다. 돈이 되는 것이라면 업종을 가리지 않았다. 그러면서도 밤잠을 자지 않고 공부에 매달렸다. 그때 이 가난한 나라의 1인당 국민소득은 60~70달러에 불과했다. 세계 최빈국이었다. 지금은 3만 달러 중반이다.

지금의 대한민국이라는 나라는 이름 모르는 수많은 시니어에 의해 만들어졌다고 해도 과언이 아니다. 그들은 거대한

강물에서 바늘로 찍은 한 점만큼의 흔적도 없는 사람들이다. 그러나 그들의 땀과 노력이 없었다면 조국의 번영은 기대하기 어려웠다. 이제는 세계 10대 경제 대국 반열에 들었으며, 50여 년의 짧은 시간에 산업화와 민주화, 교육화를 이룬 최초의 나라가 되었다. 이런 기적은 세계사에 유래를 찾아보기 힘들다.

그 시니어 세대가 어느새 초로(初老)의 나이에 접어들고 있다. 아무리 100세 인생이라 해도 노화는 외면할 수 없고, 늙어가는 것이 자연의 섭리이다. 사회는 이들 숱한 이름 모르는 시니어들을 기억하고, 진정으로 감사를 표해야 한다.

현재의 풍요와 행복은 선후배 시니어의 눈물과 고난이 점철되어 만들어졌다. 그들이 풍요로운 나라를 만든 진정한 '스타'들이다. 스타는 스포츠나 연예계에서만 나오지 않는다. 보이지 않는 각계각층 어디서나 탄생한다. 그들이 바로 '시니어 스타'이다. 우리는 그들의 눈물겨운 노력으로 생성된 과실만을 따 먹어서는 안 된다. 그들의 노고를 알아야 한다.

시니어는 감정과 생각의 변화에 신경을 써야 한다. 사유(思惟)가 우울하거나 기복이 심하면 노화를 재촉하게 된다. 반면 밝고 긍정적인 정서와 생각은 젊어지게 한다. 노화는 반드시 나이에서만 오는 것이 아니고, 오히려 늙은 생각에서 온다. 나이가 많다고 노화가 오는 것이 아니고, 늙고 부정적인 생각을 할 때 가속화된다는 것이다. 나의 주장이다. 책의 이름도 '생각이 늙지, 나이가 늙냐?'로 정했다. "나이는 숫자에 불과하다."는 말을 소환하는 것도 괜찮을 것 같다. 시니어는 젊고, 즐겁고, 재미있는 긍정적인 사고(思考)에 빠져들었으면 좋겠다.

시니어 세대에게 사소한 것 같지만 중요한 일이 있다. 바로 성(性)의 문제이다. 60~70~80세대의 그들은 아직은 성의 욕구가 있다. 그러나 현실은 출구가 없이 차단되어 있으며, 그들의 남모르는 고민이기도 하다. 대안 마련이 필요하다고 본다.

나는 이 문제가 시니어 세대에게 중요하다고 생각하고, 나름대로 고민을 하여 책에서 몇 꼭지를 언급하였다. 점잖은 책에 노년의 성 문제까지 다루느냐고 욕을 할지도 모르겠지만, 나는 그 문제가 매우 중요하다고 본다. 시니어는 성(性)을 자유롭게 즐길 권리가 있다.

나이가 들면서 의외로 이 문제는 중요한 비중을 차지하며, 부부관계 또한 노년을 살아가는 데 있어 빼놓을 수 없다. 장수의 비결을 살펴보니 독신자는 한 명도 없고, 모두가 부부였다는 조사결과가 있다. 부부가 백년해로할 때 100세 인생을 살 수 있다. 책의 내용이 미흡하더라도, 이 시대를 살아가는 수많은 시니어를 격려하는 차원에서 용기를 주었으면 한다. 정녕코 이 시대를 만든 주인공은 시니어, 바로 그대들이다.

2025년 초하에

조웅호

목차

프롤로그
시니어가 스타이다

| PART 1 |

나의 일,
나 스스로 결정한다

노화가 두려운가? 이기려 말고, 친하라 15

"버리고 갈 것만 남아 참 홀가분하다." 22

나는 100세 인생을 바라지 않는다 29

액티브(Active)하되, 여유 있는 시니어(Senior)가 되기를 35

50대 초반에 퇴역하는 '젊은 시니어'들에게 40

"돈 없다." 불평 말라, 아무도 알아주지 않는다 46

"은퇴해서 심심하다."고 말하는 사람들이 할 일 52

멋있게 나이 들고 싶다면 버킷리스트를 작성하라 58

아들딸 결혼 비용으로 고민하는 은퇴자들 64

생각이 늙지, 나이가 늙냐? 70

시니어의 편지
- 늙음은 즐겁고 재미있게 보낼 때 그 가치가 빛난다 76

| PART 2 |

부부간 사랑은
숭고한 자연의 섭리이다

―

"공장 문 닫은 지 오래됐어요." 85

부부관계와 스킨십, 다다익선(多多益善)이 좋다 91

부부 한방 쓰기, 각방 쓰기 97

발기부전 치료제 복용을 아내에게 숨기지 말라 103

시니어 성(性)의 문제, 남의 일이 아니다 109

영화 〈죽여주는 여자〉가 말하는 것들 115

신혼 초야를 추억하면 오늘의 삶이 바뀐다 122

대학 시절 애타게 사모했던 그 여학생이 생각난다면 128

내 마음속에는 아직도 풋풋한 젊음이 살아 있다 134

우리는 그래도 선택받은 사람들이다 140

시니어의 편지
- 시니어 성 문제가 이렇게 중요한 줄 아셨나요? 146

| PART 3 |

산 자와 죽은 자,
백지장 한 장의 차이와 다름없다

아내를 먼저 보내고 나 혼자 남는다면 155

살아 있을 때 미리 써둔 유언장 161

고교 동기생 친구의 본인상 부고를 접하고 169

쉽고도 어려운 부자지간 관계 175

남편의 역할을 다했는가? 181

며느리를 기다리는 마음 187

할아버지 할머니의 손주 사랑,
'조부모삼락(祖父母三樂)'이 이를 두고 말하리? 193

겨울 새벽 고요한 책 읽기의 맛 199

은퇴 후 나의 열 가지 즐거움 206

시니어의 편지
- 나이 드니 아버지를 닮아가더라 212

| PART 4 |

내가 나를 모르는데
남을 안다고 하겠는가?

우리가 세계 1등인데, 정작 우리가 잘 모르고 있다 223

정주영, 김우중, 이건희를 생각한다 229

젊은 세대에게 꼭 당부하고 싶은 말 237

때론 좀 불편해지자 243

뇌 질환 예방과 독서의 이중 효과, 신문을 읽어라 249

사람을 움직이는 중요한 무기는 입이 아니고 귀이다 255

친구들과 둘레길 걸으며 떠드는 즐거움 261

인심은 곳간에서 나온다, Give를 배워라 267

우리를 위해 피 흘린 나라, 에티오피아 273

시니어의 편지
- 우리가 영원히 잘사는 것이, 영원히 이기는 것입니다 280

에필로그
후회하지 않을 시니어 인생을 기약하며

| PART 1 |

나의 일,
나 스스로 결정한다

인생은 태어나서 죽을 때까지 내 마음대로 할 수 있는 것이 잘 없다.
그러나 나이 든 지금, 나는 나대로 살 것이다.
나대로, 나 스스로의 결정을 통하여.

노화가 두려운가?
이기려 말고, 친하라

아무리 젊어 보여도 노화(老化)는 진행되고 늙어간다. 모든 사람이 늙지 않으려고 하건만 신체는 어김없어 세월과 함께 노쇠한다. 그러나 뒤집어 보면 나이가 들어도 늙지 않고, 노화가 진행되지 않는다면 그것이 이상하다. 자연의 섭리에 역행한다.

정신과 육신 중 아무래도 육신에서 노화가 먼저 오는 듯하다. 쉽게 피곤하고, 힘이 빠지고, 잘 잊어버리고, 성인병이 몰려오고 등등. 그래서 마음이 우울해지고, 남들보다 빨리 늙지 않나 하는 불안한 마음이 들기도 한다.

그러나 노화를 걱정할 필요는 없을 것 같다. 몸이라는 기계를 60~70년 쓰고도 고장이 안 난다면 그 기계가 이상하고,

기계를 그렇게 만든 사람이 이상하고, 남는 장사도 아니다. 때가 되면 고장도 나서 고치는 것이 이치이다. 이를 거슬린다면 기계를 통째로 바꾸는 수밖에 없다. 몸을 바꾼다면 그것은 생의 종료이고 죽음이다. 늙는다고, 노화가 진행된다고 화를 내거나, 슬퍼할 이유가 없는 것이다.

누구에게나 다가오는 노화를 부정할 이유 또한 부질없다. 만약 부정한다면 살아야 할 가치가 없다. 노화를 인정하고 긍정적 시각으로 받아들이고, 친해지려는 자세가 필요하다고 하겠다. 그러면서 편안한 마음과 안정적인 일상, 금연, 적당한 음주, 규칙적인 운동, 부부간의 마사지 또는 형편에 따른 부부관계, 체중 조절 등을 한다면 스트레스 없는 편안한 노년을 보낼 수 있을 것이다. 수명(壽命)은 내가 결정하는 것도 아니요, 자연과 운명이 결정한다. 인간은 거기에 순응하면 되는 것이다.

기껏해야 인생 80년이요, 길어야 90년이다. 세월이 흘러 너도나도 예외 없이 저승으로 돌아갔을 때 80년이나 90년은 종이 한 장 차이도 아니고, 같은 시간대이다. 국민 대다수가 80세 이상 사는 것 같지만, 80세 이상 생존자는 전체의 30%대라고 한다. 80대도 장수임을 알아야 한다.

나이가 들어 몸은 하루가 다르게 불편해지는데 머리만은 새까맣게 염색되어 있다면 색도(色度)가 어색하다. 나이가 들면 머리는 빠지고, 하얗게 되고, 허리는 꼬부라진다. 오장육부가 늙어간다. 이런 노화를 받아들이고 있는 그대로를 사랑한다면 한결 마음이 편해질 것이다.

우리는 '시간 나이' '신체 나이' 등을 비교하면서 자신의 건강을 과신하거나 위축되기도 한다. 그러나 '시간' '신체' 등 두 가지 나이의 비교는 별 의미가 없다. 치명적 중병을 가지지 않는 한 모두 비슷해지기 마련이다.

"70대의 나이에 50대의 신체를 가지려고 무리하지 말라." "60대의 나이에 40대의 체력을 탐내지 말라." 모두가 욕심이요 과욕이다. 이런 욕심에서 자칫 탈이 나고, 오히려 손해 보는 경우를 종종 봐왔다.

나는 부부도 나이 먹는 대로 함께 늙어, 남편이 먼저 가야 한다고 생각한다. 나 역시도 아내보다 반드시 먼저 갈 것이다. 그런데 남편은 매일 얼굴이 피어 생기가 도는데, 아내는 점차 피곤하고 쪼그라들어 찌들다 가버린다면, 그래서 아내보다 나이 많은 남편이 더 오래 사는 운명에 처한다면 얼마나 큰일이겠는가?

부부간에 가장 좋지 않은 그림이다. 나는 "나의 운명에 이런 불행은 절대 와서는 안 된다."고 생각한다. 아내가 먼저 가고, 남편 혼자 남아 생활을 하는 것은 생활이 아니고 목숨의 연명에 불과하다. 초라하기 짝이 없고 궁상맞다.

친구들도 마찬가지이다. "갈 때 함께 가자."가 나의 주장이다. 고등학교에 한날한시 입학하여, 공부하다가 졸업도 함께 했듯이, '인생 졸업'도 같이했으면 한다. 나 혼자 욕심내어 남아봤자 친구도 없고, 탁구도 못 치고, 둘레길도 못 걷고 재미가 하나도 없다. "친구여, 학교 가자."가 "친구여 함께 가자."로 바뀌길 바란다. 목적지는 저승 학교이다.

나 혼자 약을 많이 먹는 줄 알았는데 지인들 모두 약을 먹지 않는 사람은 거의 한 사람도 없다. 개수가 문제이지 약 복용에서 자유로운 사람은 없다고 보면 틀리지 않는다. 실제 나의 경우 하루에 15개 정도의 약을 먹는다.

"너무 많아서 말 못 하겠다."라고 하자, 친구는 "나는 한 번에 15알 정도 먹는데 하루에 몇 번씩 먹는다."라고 한다. 한 판에 승부가 끝나고 말았다. 행운아는 한 가지 정도의 약을 먹는 친구들이다. 그러나 크게 부럽지는 않고, 때가 되면 다 먹게 되어 있다고 생각한다.

약 많이 먹는 게 부끄러운 것도 아니고 체면 구기는 것도 아니다. 요즘 약이 좋아 웬만큼 먹어도 탈이 나지 않는다. 병이 있든 없든, 대충 80을 넘기면, 아픈 사람이나 안 아픈 사람이나 별 차이가 없으니 약은 안심하고 먹어도 괜찮을 것 같다. 그때는 다리를 좀 절룩거려도, 약간의 치매 현상이 있어도, 지팡이를 쥐어도 흉이 아니다. 나이답지 않게 건강한 돌연변이 친구가 있기도 하겠지만, 다 거기서 거기다. 지금 빨리 늙는다고 걱정할 필요가 없다.

그러니 늙음과 노화를 너무 피하려 하지 말고, 이기려고도 하지 말고, 친하게 지내 순응해야 한다. 아무리 피하고 싶어도 피해지지 않는다. 수용하고, 수긍하여 겸손하게 받아들여야만 한다. 이러한 자세를 견지하는 것이 노화를 이기는 길이다.

사실 노화를 이긴다는 말은 성립이 불가능하다. 늙지 않는 생명체는 어디에도 없다. 노화는 인정하면서 얼마나 잘 순응하느냐에 달렸지, 극복의 대상은 아니기 때문이다. 노화는 영원불변의 자연의 섭리일 뿐이다. 노력한다고 극복할 수 있는 인간의 영역이 아닌 것이다. 이 간명한 진리를 모르는 사람은 없지만, 때때로 망각을 하기에 우리는 스스로 경각심을 가지지 않을 수 없는 것이다.

혹자는 이 간단한 자연의 섭리를 잊은 채 눈을 감는 순간까지 화(火)를 안고 있다고 하지만 부질없고 허무할 뿐이다. 노화를 배격하지 말고 친하자는 말은 우선 내 마음이 편하고자

함이지, 노화를 이기는 길은 아님을 알아야 할 것이다. 이긴다고 이기지 않음이다.

> 사람이 살면은 몇백 년 사나
> 개똥 같은 세상이나마 둥글둥글 사세
> (중략)
> 청천 하늘엔 잔별도 많고
> 이내 가슴 속엔 수심도 많다
> 아리아리랑 쓰리 쓰리랑 아라리가 났네
> (중략)
> 서산에 지는 해는 지고 싶어서 지느냐
> 날 두고 가는 님은 가고 싶어서 가느냐
> 만경창파에 두둥둥 뜬 배
> 어기여차 어야 뒤어라 노를 저어라
>
> — 영화 〈서편제〉 중에서

영화 〈서편제〉의 가락이다. 걱정도 시름도 다 없어지고, 이 썩어 없어질 비루한 육신의 늙음에 일희일비했던 나 자신이 부끄럽다. 문득 세상사가 우스워지고, 쪼잔한 일에 고민했던 나 자신이 한심해진다. 서산에 지는 해가 무슨 이유가 있어 지겠느냐? 우주의 이치가 그러한 것을.

노년은 이런 마음으로 살아야 되지 않을까? 세상을 살아가는 사람들은 하루 24시간이 째깍째깍 지나가듯, 늙어간다. 예외는 아무도 없으며, 모두 걱정을 안고 산다. 늙음과 노화, 걱정이 없는 사람은 아무도 없다. 다만 없어 보일 뿐이다. 노화와 늙음은 걱정과 두려움의 대상이 아니다. 함께 즐겁고 재미나게 지내야 하는 축복의 친구들이다.

"버리고 갈 것만 남아
참 홀가분하다."

　통영에 있는 고 박경리 선생의 문학관에 가본 적이 있다. 전체적으로 편안한 느낌이었다. 입구 잔디 정원에는 박 선생의 서 있는 동상이 있고, 그 아랫돌에는 이렇게 적혀 있다. "버리고 갈 것만 남아 참 홀가분하다." 이 말은 그의 시집《일본 산고》에 나온다.
　가슴에 와닿는 한마디였다. 어차피 죽을 땐 빈손으로 가지만 그 심오한 뜻을 사람들은 잘 모른다. 심지어 "다른 사람은 다 죽어도 나는 안 죽는다."라는 망상에 빠지기도 한다. 버리고 갈 것만 남아 있으니, 누구에게 무엇을 어떻게 줄 것이냐? 하는 고민과 번뇌가 없어진다.

나도 늘 박 선생과 같은 생각을 가지고 있지만, 행동에 옮기기는 쉽지 않다. 이를 무소유라고 칭한다면 다소 어려운 말이 되지만, 어쨌든 버리고 비우는 것에 대해 말을 해보자. 무소유라고 한다면 법정 스님과 그의 책이 생각난다. 책의 이름도 《무소유》이다. 책 속에는 스님이 난초에 들인 정성이 나온다.

성성한 난이 너무 좋아 마치 자식 키우듯 정성을 들인다. 관련 서적을 읽고, 좋은 비료를 사고, 볼일이 있어도 잘 못 나가고, 자나 깨나 돌본다. 일반인이 이런 정성의 절반이라도 부모에게 바쳤다면 효자 소리를 들었을 법하다. 그러다 장마철 어느 흐린 날 난초를 뜰에 놓고는 외출하였다. 그런데 흐린 날씨가 맑아져 햇볕이 강하게 쬐자 난초 생각이 들어 급히 돌아왔다. 이미 난초는 축 늘어져 있었다.

이때 스님은 자신의 집요한 집착을 느꼈고, 여기에서 벗어나기로 했다. 동료 스님에게 선물하니 홀가분한 해방감을 느꼈다. 다소 서운하기도 하지만 마음이 편안해졌다. 이때부터 하루 한 가지씩 버리기로 했다. 산중의 가난한 스님이 무슨 버릴 것이 있겠느냐만 그리하기로 마음을 먹은 것이다. 난초에서 배운 깨달음이라고 할까?

나는 2024년 늦가을 어느 날 무심결에 내가 소속해 있는 여러 사회 모임에서 떠나고 싶은 생각이 들었다. 특별한 이유가 있어서가 아니고, 뭔가 털어내고 싶었고, 왠지 그렇게 해야 할 것 같은 계시(啓示) 같은 게 있었다. "과연 내가 이 모임에서 무슨 역할을 하고 있는가?"라는 회의가 들었다. 솔직히 수입이 없는 '백수'의 입장에서 회비가 부담되기도 했다.

돌아보니 특별히 한 게 없었다. 그냥 매달 소정의 회비를 내고 만나 술밥 먹고 헤어지는 것이다. 쉽게 말해 내 돈 내고 내 밥을 먹는 것이다. 마음먹은 김에 '작별의 말씀'이라는 짧은 작별 인사 글을 만들어 카톡에 올리고 보내기를 눌러버렸다. 세 곳이었다.

그런데 이 중 한 곳을 빼고는 아무런 반응이 없었다. "왜 그러냐? 서운하다, 나가지 마."와 같은 댓글이 달려야 하는데 한 줄도 없었다. '아니, 이럴 수가 있나? 내가 이런 존재밖에 되지 않았나?' 하며 은근히 화가 나기도 하면서, 나를 돌아보게 되었다. 자기 성찰(省察)이라는 표현이 적합할 것 같다. 참 간사한 게 인간이다. 나갈 때는 언제이고, 댓글이 안 달리니 서운해하고. 그럴 심사라면 진작에 나오지나 말든지. 나와놓고 "감 나와라, 배 나와라." 하며 기대를 하니 참 한심하다.

며칠 후 한 회원으로부터 전해 들으니, 내가 완전히 톡을 빠져나온 후 안부를 묻는 댓글이 몇 개 달렸다고 했다. 그리고 월례회 날 총무가 "형님, 오늘 꼭 참석하여 인사라도 하세요."라는 당부 전화가 왔다. 그 자리에서 잠시간의 오해도 풀고 푸근한 정을 나누었다. 나의 좁은 소견이 빚어낸 결과이다. 어쨌든 모임의 탈회(脫會)는 시원하기도, 서운하기도 하였으나 무거운 짐을 내려놓은 느낌이었다.

버린다는 것은 막무가내로 쓰레기통에 폐기하는 것은 아니다. 불필요한 것을 버리라는 말이다. 필요하지 않은데도 집착하는 물욕(物慾)을 갖지 말라는 경구이기도 하다. 옛 물건을 버리지 않고 보관하는 것과는 성격이 다르다. 자신의 성장기록, 아끼던 물건, 아이들의 육아일기 등은 집안의 보물이다. 보물은 반드시 돈이나 보석, 귀한 물건뿐만 아니라, 가족들이 아끼던 그 무엇이든 가능하다.

폭식(暴食)을 끊지 못하는 것도 같은 차원이다. 많이 먹는 것은 결코 몸에 좋지 않다. 적게 먹는 것이 건강을 지키는 길이다. 식탐이 많으니 위장이 견디지 못하고 아프다. 지난해 연말, 1970년대 인기 가수 방주연 씨의 공연을 보았다. 70세 중반의 나이인데도 풍부한 가창력은 대단했다. 한 번에 3곡의 노래를 열창하는데 굉장한 체력이었다.

"건강의 비결은 소식(小食)이며, 하루 2끼를 먹는다."라고 했다. "저녁을 일찍 먹고 다음 날 아침까지 아무것도 먹지 않는 간헐적 단식도 건강에 도움이 된다."고 알려주었다. 위장은 음식을 처리하는 공장인데 매일 많은 양의 음식이 들어오면 기계가 고장 나고, 심하면 공장 문을 닫아야 하지 않겠는가? 식당 종사원들은 음식과 반찬을 남기지 않고 다 먹는 손님들은 좋아한다. 어차피 버릴 것이고, 남으면 치워야 하는데 일손을 덜어주니 고마운 것이다.

위장과 같이 인생도 마찬가지이다. 세끼 밥 먹으면 만족할 줄 알아야 한다. 욕심을 내다가는 스트레스를 받아 암에 걸릴 가능성이 높다. "큰 부자는 하늘에 달렸고, 작은 부자는 부지런함에 달렸다(大富由天 小富由勤)."라고 한다. 팔자에 맞지 않는 돈 욕심을 냈다가는 오히려 몸을 다치고야 만다. 인생이라는 짧고도 긴 시간은 눈을 감을 때 돌아보면 잠시 이승에 소풍 왔다 저승으로 돌아가는 것에 불과하다.

그러나 나이 들어 돈이 없으면 비참하다. 돈이 없는 노년은 참담하기 이를 데 없다. 때문에 "갈 때는 빈손으로 가니 돈도 베풀고 비워라."라고 말하지 못한다. 노년의 돈은 생명의 줄과 같다. 눈을 감을 때까지 가지고 있어야 한다. 이를 부인할 사람은 아무도 없다. 그렇다면 어떻게 돈 욕심을 내지 않고 편안한 삶을 누릴 수 있을까? 필요한 만큼 갖되 과욕은 하지 말자고 하면 답이 될까?

권력은 그 달콤한 맛을 보기 전에 버려야 하는데, 그렇지 않은 경우가 대다수이다. "권력은 총구에서 나온다."라고 했다. 그만큼 힘이 세야 가능하다. 그 권력을 유지하기 위해서는 피를 보아야 하고, 그러다 보면 적을 쌓게 된다.

권력은 영원토록 이어질 것으로 생각하지만 세상은 그렇게 호락호락하지가 않다. 아무리 무소불위(無所不爲)의 권력이라도 오래가지 못한다. 권력은 자기 것이 아니고, 잠시 맡은 것이다. 잘 써야 화를 면한다. 장기권력의 말로를 우리는 역사에서 충분히 봐왔다.

명예도 마찬가지이다. 사람은 나아갈 때와 물러갈 때를 잘 알아야 한다. 나이가 지긋이 들어 은퇴연령인데도 자리와 명예에 집착하는 사람은 추해 보인다. 남의 눈에 비치는 내 모습을 잘 알아야 한다. 그렇다고 나이 들어 일하는 사람을 무조건 폄훼하는 것은 아니다. 자기 자리가 아닌데도 탐하는 노탐(老貪)을 지적하기 위함이다.

사람의 이러한 욕심이 세월이 흐를수록 눈에 선명히 보이는 듯하다. 아마도 나잇값인 모양이다. 돈과 권력, 명예가 중요하더라도 건강만큼 소중하지는 않다. 60~70대의 나이, 친구들도 만나면 서로가 건강 걱정을 한다. "부디 건강해야 하네, 그래야 오래도록 보고 살지."라고 당부한다. 친구들의 덕담이 예사롭게 들리지 않는다. 설령 비우지 않는다 해도 비우겠다는 마음만 가져도 마음은 좀 편안해질 것 같다. 그런 마음을 갖는 것이 좋다.

나는 100세 인생을
바라지 않는다

나는 100세까지 장수하는 인생을 바라지 않고 꿈꾸지도 않는다. 그나마 체력이 될 때 맛있는 음식 먹고, 즐기며, 있는 돈 쓰고, 자연으로 돌아가자는 주의이다. 실제 나이 80이 되면 돈을 쓸 곳도 별로 없다. 맛있는 음식도, 달콤한 술도, 짜릿한 연애도, 세계 일주 여행도 다 어려워진다.

돈을 버는 것은 나이 80이 되어도 가능하지만 쓰지 않고 벌기만 한다면 공허하다. 돈이란 힘들게 벌어 즐겁게 써야 제맛이다. 그냥 벌기만 해서는 아무런 의미가 없다. 출금(出金)이 없이 입금(入金)만 있다면 밥을 먹고 배설은 안 하는 것과 같은 불편함이 따른다. 혼자 배가 불러 터지고야 말 것이다.

당장에 돈을 쓸 곳은 손주들이다. 큰돈은 아니어도 손주들

맛있는 것 사주고, 용돈도 주고 싶다. 아주 즐겁고 기분 좋은 일이다. 손주들에게 주는 돈은 전혀 아깝지 않다. 주어도 더 주고 싶은 마음이다. 세상의 모든 할아버지 할머니들이 같은 생각일 것이다. 이외 딱히 돈을 쓸 곳은 생각나지 않는다.

친구들에게 점심 한 그릇 사는 것도 참 즐거운 일이다. 저녁은 날이 어두워져 힘들고, 이왕이면 햇볕 좋은 낮에 점심 한 그릇과 차 한 잔을 나누며 얘기를 하면 흐뭇하다. 돈이 아무리 많아도 무엇하랴? 혼자 쥐고 있으면 종이에 불과하다. 써야 돈이고, 쓰지 않으면 가치가 없다. 지금 내 나이 '우리 나이'로 71세, '정부 나이'로 69세이다. 80세까지는 불과 10년이다. 길지 않은 시간이다. 이 황금 같은 시간을 잘 보내야 한다. 세상을 즐겁게 바라보고, 지나간 좋은 추억을 반추하고, 무리 안 가는 운동을 하고, 좋은 생각을 하고, 아름다운 음악을 들어야 한다. 세상을 너무 가려서 살지도 말아야 한다. 시간은 어떻게 보내느냐에 따라 길어지기도, 짧아지기도 한다.

어느 80대 의사의 인생 회고이다. "건강을 위해 외식도 안 하고, 좋은 음식 골라 먹던 아내는 70세 전 암으로 세상을 떠났다. 자식도 품 안의 자식, 지금은 이웃이 더 좋다. 과한 운동은 심장 박동에만 좋을 뿐, 건강과는 무관하다. 센 운동을 하는 운동선수가 오래 살지 않는다. 토끼는 매일 뛰지만 2년을 못 살고, 거북은 느리지만 400년을 산다."

　오래 살고 싶다면 적당한 운동에, 낮잠을 즐기고, 좋은 음악을 듣고, 술도 적당히 마시고, 음식도 가리지 않고 고루 먹고, 산 소리 물소리 등 자연의 소리와 가까워져야 한다. 튀긴 음식은 좋지 않다. 하지만 서양 사람들은 시커멓게 탄 바비큐를 먹어도 우리보다 암 발생률이 40%나 낮다.
　느닷없이 중병이 찾아온다면 그대로 받아들일 것이다. 기본 체력도 안 되는데 무리한 치료를 받는다면 고통이 크다. 고통은 고통대로, 치료는 치료대로, 돈은 돈대로 쓰면서도 생명은 연장되지 않는 경우를 수차 봐왔다. 생명만 연장되는 수명은 수명이라 할 수 없다.
　훗날 그러한 상황에 봉착한다면 또 어떤 선택을 할지 모르겠지만 지금으로서는 거부하지 않고 수용할 것 같다. 그때도 변치 않고 지금과 같은 마음이었으면 좋겠다. 연명치료는 이미 반대 의사를 표명했다. 시신 기부는 아직도 결정을 내리지 못하고 있다. 취지는 좋은데 마음이 쉽게 가질 않는다. 솔직히 두 번 죽는 듯한 느낌이 들기 때문이다.

　사실 요양원은 누구나가 가기 싫어하는 곳이다. 가기는 쉽지만 돌아오기는 어려운 곳이다. 살아서 돌아오는 사람은 많이 보지 못했다. 그러나 때론 가기 싫어도 가야만 한다면 가야 하고, 내가 가기 싫다고 해서 마냥 거부하지 못할 곳이기도 하다.

병약한 부모님을 요양원에 모시거나 홀로 사시게 두고서는 자식들이 돌아가며 모시는 경우를 주변에서 흔하게 보고 있다. 그나마 이 정도는 괜찮은 축에 들어가고, 자식으로부터 외면당하거나 버림받는 경우도 종종 보고 있다.

부모님 모시는 일로 자식들 간에 싸우는 경우는 비일비재하다. 그때는 차라리 요양원이 대안이다. 자식 키울 때는 애지중지, '고슴도치도 제 자식이 제일 곱다'는 심정으로, 귀하게 키웠건만 부모가 늙고 병드니 멀어지는 게 부모 자식 관계인 것 같다.

그러고 보니 부부 해로(偕老)가 너무 소중하다. 80대의 성공한 인생은 '본처로부터 밥 얻어먹는 것'이라는 우스개도 있다. 해로가 그만큼 중요하다. 그렇다면 70대의 성공한 인생은 무엇일까? '건강하면 성공한 인생'이라고 한다. 노년의 행복 열쇠는 부부관계와 건강인 셈이다. 모름지기 부부와 건강을 잘 챙겨야 한다.

그리고는 건강할 때 가는 것이다. 앞뒤가 안 맞는 말이지만 세상 이치가 그렇다는 것이다. 건강하게 살다가 일순간에 눈을 감는 것을 말한다. 부부끼리 밥해 먹고 지내며 자식 눈치 보지 않고 살다가 가는 것으로 보면 될 것 같다. 부부 건강이 자식 부담을 덜어주는 대안이다. 건강해야만 자식들에게 얹히지 않고 편하게 살아갈 수 있다.

부부가 함께 가면 얼마나 좋겠는가? 네덜란드 전 총리라는 사람이 부부 함께 안락사했다는 보도가 있었다. 동갑내기 93세인 부부는 지병으로 고생해 오다 "서로가 없이는 떠날 수가 없다."라며 자택에서 손을 잡고 동반 안락사를 했다는 것이다. 먼 길을 혼자 가는 것이 아니고 함께 가는 것이다. 안락사가 인정되는 네덜란드에서도 이러한 죽음은 흔하지 않다고 한다. 부부가 얼마나 사랑했으면 두 손을 잡고 함께 저세상으로 떠났을까? 서로를 진정으로 아끼지 않으면 할 수 없는 일이다.

의학적으로는 100세 인생이 충분히 가능한 모양이다. 비약적인 의술의 발전과 개인의 건강과 살아가는 습관과 생각, 음식 등에 따라 가능하다는 이야기이다. 실제 100세 인구는 날로 증가해 가고 있다.

통계에 따르면 2000년도 기준 우리나라 100세 이상 인구는 2,600명 선이었는데 20년이 지난 2020년에는 2만 명을 넘어섰다고 한다. 앞으로도 더욱 늘어날 것이다. 장수에 있어서는 일본이 세계적으로 유명하다. 아마도 단위 면적당 100세 이상 인구는 세계에서 가장 많을 것이다. 음식과 운동, 소통, 의료제도 등이 앞서 그러지 않을까 생각한다.

지인의 부친은 평생을 차를 타지 않고 걸어서만 다니셨다. 지금 103세로 식사도 잘하신다. 오히려 70세 아들이 다리가 불편하여 수술을 받았다. 나의 아버지도 90세에 가시는 그때까지 걷고, 버스만 타셨고, 소소한 일을 하셨다. 나도 아버지의 유전자를 받았으니 아마도 아버지만큼은 채우지 않을까 하는 생각도 하지만 생사는 모르는 일이다.

그러나 수명에 관한 한 욕심을 내서는 안 되고, 사주팔자 운명에 맡겨야 한다는 게 나의 지론이다. 물론 운동과 음식 등 주의를 하겠지만 100세를 고집하면서 살지 않겠다는 것이다. 수명에 매달리면 생활이 불안하고 구차해진다. 노년의 바람직한 모습이 아니다.

액티브(Active)하되,
여유 있는 시니어(Senior)가 되기를

'액티브 시니어(Active Senior)'라는 말은 은퇴 후에도 활발한 사회활동을 하고, 멋을 내며, 젊은이 못지않게 힘차게 사는 세대를 말한다. 이들은 소비생활과 문화 여가생활을 즐기며, 건강관리와 외모에도 신경을 쓴다. 나이 든 신세대이다. 문화체육관광부와 국립국어원은 'Active Senior'를 '활동적 장년'이라고 부르기로 했다.

우리나라의 65세 이상 노인 인구는 전체 인구의 20%인 1,000만 명에 달한다. 2031년에는 전체 인구의 중위권이 50.3세에 달한다는 연구보고서도 나왔다. 50세가 중위권 연령층이라는 말이다. 인구의 절반이 시니어가 되는 초고령사회로 급속하게 진입하고 있다는 증거이다.

초고령도 아닌 50~60대의 액티브 시니어들은 이제 사회의 중·장년층이면서, 새로운 세대를 만들어가는 주력세대로 부상하고 있다. 그들의 트렌드는 건강과 외모, 골프, 화장품, 봉사 등으로 정의할 수 있을 것 같다. 그것이 최대의 관심사이고, 젊은이 못지않은 적극적인 사고와 행동을 한다.

젊어서 벌어놓은 경제력을 바탕으로 새로운 소비패턴을 만들고 있으며, 여행, 영화관람, 화장품 구매 등에 관심을 쏟는다. 성(性) 문화에 대해서도 적극적이다. '젊은 장년' '청춘 같은 어르신'의 탄생이자, 실버문화의 산실이다. 이러한 바람에 역행을 한다면 '꼰대'가 될 수 있다.

1955년부터 1963년 사이에 태어난 한국의 베이비붐 세대가 은퇴하면서 소비문화까지 바꾸며, 젊은 트렌드를 만들고 있는 것은 새로운 현상이 아니다. 일본에서는 2차 대전 이후인 1947년부터 1949년 사이에 태어난 사람들, 단카이 세대 사람들이 이러한 역할을 오래전에 선도하였다. 신(新) 시니어 문화를 창출하는 늙지도 젊지도 않은 세대가 사회의 주류로 등장하고 있는 것이다.

이들은 젊은 노인(Young Old)으로 내 뜻대로 결정하고 활동하고, 새로운 문화 트렌드를 빠르게 받아들이며, '나'를 위해 투자를 하는 세대이다. 자산규모도 탄탄하고, 인구수 또한 많다.

액티브 시니어의 흐름에 동참하지 않더라도 그 흐름은 알아야 할 것 같다. 그렇지 않으면, 일단은 외로워지고 우울해질 수 있다. 외로운 사람은 그렇지 않은 사람보다 수명이 단축된다는 연구결과도 나왔다.

이런 현상을 방지하기 위한 시니어의 제1의 수칙은 무엇인가? '혼자 있지 마라'이다. 혼자 있지 않아야 심심하지 않고, 재미나게 지낼 수 있다. 지위 고하를 막론하고 친구는 있기 마련이다. 친구를 찾아야 한다. 없다고 집을 나가 공원에 혼자 앉아 시간을 보낼 수는 없지 않은가?

기존의 모임을 일괄 정리하되, 가까운 모임이나 클럽은 살려두면서 교류를 해야 할 것이다. 주로 건강과 취미생활에 관한 모임이다. 친구도 매일 만나는 그 사람들이 친구이다. 아무리 가까워도 만나지 않으면 멀어진다. 취미활동이 무엇이 되든 늘 가까운 사람과 지낼 수 있는 터전이 마련되어야 한다.

그리고 무엇인가를 배워야 한다. 지인 한 사람은 일주일에 다섯 가지 정도의 학습을 한다. 서예, 요리, 헬스, 영어 회화, 드럼 등이다. 쉴 시간이 없이 바쁘게 재미나게 움직여야 한다. 재미가 없다면 다시 생각해야 한다.

요즘 인기가 올라가고 있는 라인댄스 같은 프로그램도 운동과 함께 재미를 부과하고 있다. 주로 여성들인데 남성(男性)

과 만남도 가능해 도움이 될 것으로 본다. 건전하다면 권하지 않을 이유가 없다. 하지만 '바람'과는 차원이 다르다. '바람'도 한 방법이 될 수 있지만 추한 결과를 낳게 되므로, 자제해야 한다.

"차돌에 바람이 들면 백 리를 날아간다."는 우리 속담도 있거니와 늦바람이란 참으로 무서운 것이다. 남녀 모두 그동안 바람을 피웠다 하더라도, 이제는 과감히 정리해야 하고, 늘그막에 추한 모습을 보여서는 안 된다. 범법을 저지르고, 사회 질서를 어지럽히는 행위도 금해야 한다.

나이 들어 가장 좋은 친구는 아내이다. 아내만큼 좋은 친구는 없다. 영원한 친구이다. 그동안 아내와의 관계가 소원했다면 새로운 친구를 사귀는 마음으로 함께 지내는 시간을 늘려 나가야 한다. 아내와 둘이서 하는 여행이 그동안의 소원함을 완화 시키는 바람직한 방법이다. 집이 아닌 여행지라면 분위기가 달라진다.

시니어 남편이라면 아내를 놀라게 하고, 깜짝 쇼를 벌이는 지혜와 유머, 위트가 있으면 좋겠다. 아내와의 관계가 복원된다면 노년에 이보다 즐거운 일은 없다. 아내의 소중함을 모른다면 스마트 남편으로서 자격이 없는 것이다. 더 늙어 걷기도 어려운 시점이 오기 전에 아내와의 관계는 반드시 '연인' 관계로 돌아가야만 한다. 외롭지 않을 최선의 방책이 여기에 있다. 이 책에서 몇 번이나 강조했지만 부부관계와 스킨십은 많을수록 좋다. 정신과 육체의 사랑 중 육체의 사랑이 먼저이다. 기피하면 할수록 녹슬어 회복이 안 된다.

나무 그늘의 고마움을 알 때는 푹푹 찌는 듯한 더위를 피하다, 갑작스레 만났을 때이다. 물 한 모금이라도 마시고 싶은 바로 그때 나타난 나무 그늘, 그 그늘은 항상 그 자리에 있었건만 지나는 사람만 잘 모른다. 비로소 더위를 이기지 못해 쓰러질 것만 같은 상황이 되어서야 나무 그늘을 발견하고. 그 고마움을 알게 된다. 아내란 바로 이런 존재이다. 항상 그 자리에 있는 안식처인 것이다.

액티브하고 스마트하고, 첨단으로 달리는 IT, AI의 시대이다. 건강하고 활발하고, 아직은 젊은 액티브 시니어가 좋겠다. 또한 액티브 시니어 이전에 은퇴자의 한 사람으로서 자신을 키워준 가정과 지역사회를 돌아보는 여유도 겸비했으면 한다. 세상을 조용히 관조하며, 경륜과 아량으로 시니어답게 행동하고, 젊음과 유머, 위트도 고루 갖추면 좋겠다. 액티브하되, 여유 있는 시니어가 되기를 바란다.

50대 초반에 퇴역하는 '젊은 시니어'들에게

　당연히 시니어에 포함되지만 50대는 "아니 벌써, 난 아직은 아닌데."라는 단서가 붙을지 모르겠다. 시니어 호칭에 불만을 표하기도 할 것이다. 하기야 지금의 50대는 옛날로 치면 30~40대로 봐도 무방할 것이다. 건강이나 일의 능력, 활동력과 패기, 기운 등에 있어 젊은이 못지않다.
　그러나 사회는 하루가 다르게 변하고, 50대에 들어서면 서서히 또는 빨리 나갈 준비를 해야 하는 게 요즘의 세태이다. '길고 가늘게 갈 것이냐?' 아니면 '짧고 굵게 갈 것이냐?' 하는 갈림길에 서기도 할 것이다. 45세에 회사를 떠난다는 '사오정(四五停)'은 오래전부터 들어온 은퇴의 고전 같은 이야기이지만, 이를 두고 시비를 거는 현역은 거의 없다.

50대의 직장인이라면 퇴역은 예고하지 않고 찾아온다는 사실을 항상 염두에 두어야 한다. 정년 보장이 되는 공무원이라면 예외이겠지만, 대부분은 불쑥 찾아오는 퇴사를 유념해야 한다는 말이다. 취업할 때 환호의 헹가래를 쳤던 대기업이 이런 경우가 잦다 하니 아이러니하다. 그러니 세상일은 끝까지 가봐야 알고, 사람은 말년이 좋아야 한다는 말이 새삼 귀에 들어온다.

　50대 초반은 아직 자녀 문제가 남아 있다. 혼사와 교육, 미취업 등의 문제가 걸려 있고, 군 복무 중이거나 대학생인 경우도 상당히 있을 것이다. 그런데 가장(家長)이 갑자기 직장을 떠나게 된다면, 당장 생활이 걱정된다. 나와 같은 70대라면 다 '다 해치우고' 부부만 남아 있는데 50대는 그렇지 못하다. 하지만 직장을 나오는 사람들 대부분은 50대이니 대비가 중요하다.
　여러 방법이 있다. 재취업이나 아니면 창업도 가능하다. 그러나 특별한 기술이나 자격증이 없는 한 재취업은 만만찮고, 창업은 십중팔구 실패하니 신중해야 한다. 이런 것을 모르고 재취업이나 창업을 생각하는 사람은 없겠지만, 세상은 내 마음대로 돌아가지 않는다. 실패 확률이 높은 것을 뻔히 알면서도 대드는 게 사람이다. 줏대 없고 귀가 얇기 때문이다.

전문가를 자처하는 사람들의 말을 곧이곧대로 듣고, 평생 모은 돈 다 털어 넣는다. 실패는 기정사실인데도 투자 당시에는 망각한다. 실패한 후에야 비로소 현실을 깨닫고 후회해 봤자 이미 늦다.

그러면 어떻게 해야 하는가? 답은 간단하다. 씀씀이를 줄여야 한다. 수입이 없으면 지출도 없어야 하는 것은 당연한 논리이다. "숨만 쉬어도 월 300만 원의 생활비가 든다."고 한다. 그러나 쓰기에 따라 200만 원이면 족할 수 있고, 그것도 안 되면 100만 원대로 살아가야 한다.

골프를 친다면 과감히 끊어야 한다. 골프 클럽은 중고로 팔아버려야 한다. 당연히 회원권도 처분하여 현금화해야 한다. 피트니스 센터의 회원권이 있다면 당장 돈으로 바꾸고, 운동은 저렴한 공공기관 헬스장이나 동네 목욕탕에서 해야 한다. 돈이 전혀 안 드는 걷기도 있다.

골프 대신 비용이 적게 드는 탁구나 조기축구, 등산 등으로 바꾸기를 강력히 권한다. 사실 골프는 운동이 잘 안되고, 내기로 스트레스를 많이 받는다. 한 번 갈 때마다 25~30만 원 정도가 드니 실직자들에게는 큰 부담이다. 회원권과 부킹이 없어도 되고, 사시사철 할 수 있는 걷기와 등산은 좋은 운동이다. 체력도 보강된다. 실직자는 돈이 안 들거나 적게 드는 운동을 해야 한다.

　모임도 간소화할 필요가 있다. 중요하지도 않은 모임이 연회비, 월회비 하면서 지갑을 비게 하는 원인이 된다. 꼭 필요한 모임만 놔두고, 회비만 축내는 모임은 과감히 정리해야 한다. 해외여행은 금물이다. 생활이 안정되기 전까지는 보류해야 한다. 신용카드도 하나로 줄이고, 가능한 한 체크카드를 사용해야 한다. 그래야 헛돈이 안 나간다.
　경조사 비용은 큰 지출이다. 어차피 주고받는 '품앗이'인데, 내가 축의 또는 부의를 받은 곳은 꼭 보답해야겠지만, 관계가 없는 경우에는 (미안해도) 눈을 질끈 감는 것도 한 방법이다. 도리에는 어긋나지만 별 대책이 없다. 5만~10만 원은 실직자에 있어 적잖은 돈이다. 급여를 받을 때와는 상황이 다른 것이다. 일단 아끼고 줄이고 봐야 한다.
　근로복지센터 등 노동부 산하기관에 가면 취업알선을 위해 기술 배움의 기회를 국비로 지원해 주고 있다. 이곳을 잘 활용하면 특정한 기술을 배워 재취업을 할 수 있다. 커피 바리스타나 요리, 용접 등 기술을 배울 수 있다. 비록 급여가 적을지라도 이렇게 버는 돈이 알차고 생활에 도움이 된다.

　현역 때와 비슷한 보수를 주는 곳은 기대하지 말아야 한다.

그런 곳은 없다. 나이가 들수록 보수는 반비례하여, 100만 원대 봉급도 훌륭하다. 100만 원도 가계에 큰 도움을 주는 것이 은퇴자들의 삶인 것을 알아야 한다.

나는 50대 후반에 갑자기 회사를 떠난 후 주유소 주유원, 신문 배달, 편의점 관리원, 주차관리 등의 일을 적극적으로 생각했었다. 하지만 눈이 나빠지고 나이가 많아 쉽지 않았다.

자가 집과 적절한 금액의 예금 자산이 있고, 국민연금과 개인연금, 주식이나 채권 등의 투자가 있다면, 조건은 매우 좋은 편이다. 특별한 일터를 마련하기 전까지는 근검절약하면서 예금해 둔 돈을 조금씩 써도 괜찮다.

모아둔 돈은 쓰라고 있는 것이지, 은행에만 맡겨놓는다면 삶의 질이 너무 떨어진다. 아끼되 쓸 돈은 쓰는 여유를 가져야 한다. 그래야만 부부를 비롯한 가족관계가 원만하게 돌아간다. 주 1회 정도는 동네의 적절한 식당에서 아내와 점심도 하며, 부드러운 관계를 유지해야 한다. '삼식이'도 면할 수 있다.

지인의 경우 72세의 나이에 아파트 관리 자격증을 취득하여 관리소장으로 취업했다. 월 300만 원의 보수이다. 즐거워하며 일을 하고 있다. 우리가 모르는 자격증은 무수히 많으니, 근로센터를 통해 도전을 해보는 것도 괜찮은 방법에 들어간다. 60대 후반의 지인은 자신의 인맥을 인정받아 회사의 고문으로 취업하여 파트타임으로 일하면서 월 100만 원 정도의 보수를 받는다. 전문가가 아닌 이상, 자기가 잘할 수 있는 곳에 눈을 돌리고, 적은 돈이라도 수입이 일정한 곳을 겨냥해야만 한다.

건강도 세밀하게 관리를 해야 한다. 아무리 돈이 중요해도 건강을 잃으면 모든 것이 끝이다. 건강해야만 병원비가 들어가지 않는다. 과음, 과식, 흡연, 스트레스를 피해야 한다. 정기적인 검진을 받고 미리 대비해야 한다. 수술하면 그만큼 일을 못 하고, 별도의 비용이 들어가니 이중의 손실이다. 상황이 아무리 어려워도 본인이 정신을 차리고 노력한다면 극복할 수 있다. 낙심하지 말고 가족과 대화하면서 활로를 마련해야 한다. 가족은 언제든지 나를 지켜주는 튼튼한 버팀목이다.

"돈 없다." 불평 말라, 아무도 알아주지 않는다

 예나 지금이나 돈에 자유로운 사람은 없다. 많은 사람, 적은 사람, 가지각색이다. 돈이 행복의 전부가 아니라고 말하지만, 세상 사람들은 돈을 좋아하고, 많이 가지기를 바란다. 그러나 돈은 노력하고 운이 좋은 사람에게 갈 뿐, 모든 사람에게 고루 돌아가지 않는다. 돈의 속성이다.
 돈 때문에 수많은 사연이 생기며, 희로애락이 모두 돈과 관련이 되어 있다. 돈이 없다는 것은 가난이며, 많은 것은 부자이다. "가난은 나라님도 못 고친다."는 말이 있지만 사실 그러하다. 그래도 지금은 우리나라가 세계 10대 경제 대국에 들어가 세끼 밥을 못 먹는 사람은 없지만, 불과 몇십 년 전만 해도 굶는 사람이 많았다. 보릿고개 시절, 먹을 게 없어 나무

껍질을 벗겨 먹고 '초근목피(草根木皮)' 하던 때가 그리 오래되지 않았다.

옛 선비들도 배가 고팠다. 역사에 등장하는 유명한 선비나 학자들도 예외는 아니었다. 조선 천하의 대문장가이자 《열하일기》 저자인 연암 박지원(朴趾源, 1737~1805)은 술 한 잔도 못 마실 만큼 생활이 어려웠다. 13살 어린 친구 초정 박제가(朴齊家, 1750~1805)에게 편지를 보냈다.

> 내 남 앞에 무릎을 굽히지 않으니 좋은 벼슬자리가 오지 않네. 내 자네에게 급히 절을 하네. 여기 빈 호리병을 보내니 술을 채워 보내주시게나. 많으면 많을수록 좋다네.

박제가가 답장을 보냈다.

> 열흘 장맛비에 밥 싸 들고 찾아가는 벗이 못돼 부끄럽습니다. 하인 편에 공방(孔方: 엽전) 200개를 보냅니다. 호리병 속의 일은 잊으십시다. 양주의 학은 없는 법이라오.

돈을 보내니 따뜻한 밥을 지어 드시되, 술은 안 보낸다는 말이다. 그리고 "양주(楊洲)의 학은 없는 법입니다."라고 했다. "양주의 학"은 세상의 모든 욕심이 이루어진다는 고사로, 그것은 곤란하다는 부드러운 면박이기도 하다. 밥이 그만큼 중요한 것이다.*

어느 가난한 시인 부부의 젊은 시절 이야기도 애틋하다. 아침 식사를 기다리던 남편에게 아내가 삶은 고구마 몇 개를 들고 왔다. "햇고구마가 맛있어 몇 개 사 왔으니 드셔보세요." 고구마를 별로 좋아하지 않지만 아내가 권하니, 한 개를 먹었다. 아내는 이어 "한 개는 정이 없대요. 한 개만 더 드세요."
남편은 또 한 개를 먹고는, "이제 아침을 내주시오."라고 했더니, "그게 아침이에요."라고 했다. "왜 진작에 쌀이 떨어졌다고 말하지 않았소?" 아내는 "긴긴 인생에 이런 일도 있어야 늙어 얘깃거리가 되지 않겠어요?" 시인은 아무 말도 못 했으나 형언할 수 없는 행복이 가슴에 찼다.
시인은 돈과는 거리가 먼 직업이다. 가난이 운명처럼 뒤따른다. 쌀이 떨어질 때까지 생활비를 주지 못했지만 참으로 현명한 아내이다. 어려운 형편에도 화를 내지 않고 여유와 재치로 슬기롭게 넘어가는 아내의 마음 씀씀이가 눈물겹고 아름답다.

---

* 정여울,《소리내어 읽는 즐거움》, 홍익출판사, 2016, 293쪽 참조.

학창 시절 우리는 책을 팔아 용돈으로 쓰기도 했다. 돈이 필요할 때 특별한 이유가 없으면 "책을 사야 한다."며 부모님에게 핑계를 댔다. 조선조 선비들도 마찬가지였다. 이덕무(李德懋, 1741~1793)는 오랜 굶주림을 견디다 못해 《맹자》 일곱 편을 200전에 팔아 밥을 해서 먹고는 기뻐 유득공(柳得恭, 1748~1807)에게 뛰어가 자랑했다. 그 또한 굶은 지 오래라 곧바로 《춘추좌씨전》을 팔았으며, 두 사람은 책값으로 술과 밥을 먹었다.[*]

그러고는 책을 팔아 취포(醉飽:취함과 배부름)를 도모함이 솔직한 일임을 알았다. 서글프다. 책을 가보처럼 간직하며 종일 책만 읽는 선비들이 배가 너무 고파 책을 팔아 배를 채웠다. 후회막급하지만 한편으로는 당연하다. 배고픈 것은 현실이고 절실하기 때문이다. 그렇다. 돈과 책과는 별 관계가 없다. 돈은 책에 기인하는 것이 아니고, 근검절약과 운(運)에 따른다. 글밖에 모르던 선비들이 그것을 이제야 알았는가?

옛날에는 세끼 밥을 제대로 먹는 사람이 드물었다. 지독한 독서광으로 간서치(看書痴: 책 읽는 바보)라 불리던 이덕무가 얼마나 배고팠으면 책을 팔았겠는가? 옛날과 비교한다면 지금

---

[*] 정민, 《책 읽는 소리》, 마음산책, 2002, 115쪽 참조.

"돈이 없다."고 불평을 하는 사람들은 정말 돈이 하나도 없는 것인지, 아니면 가진 돈이 다른 사람보다 많지 않다는 것인지 스스로 물어보아야 한다.

돈은 욕심부린다고 해서 하늘에서 떨어지는 것은 아니다. 돈을 벌고 싶다고 벌어지면 돈이 아니다. 돈만큼 많은 사연을 가진 물건은 어디에도 없다. 큰돈을 가지려면 그에 맞는 '돈의 그릇'과 운(運), 근검(勤儉) 정신을 갖고 있어야 한다. 나이 들어 "돈 없다."고 불평하지 않으려면 젊을 때 열심히 일해야 한다. 그리고 번 돈을 착실히 모아, 손에 쥐고 있어야 한다.

이러한 준비를 사전에 해놓지 않고, 백발이 되어 "돈이 없다."고 불평을 하면 듣는 사람은 마음만 아프다. 매정하지만 아무도 알아주지 않는다. 은퇴자라 한다면 큰돈은 없다. 집 한 채에 약간의 예금 정도이다. 요즘은 주식을 하는 사람이 많지만, 나이 들면 겁도 나고 관련 지식과 경험도 없어 함부로 뛰어들기 힘들다. 20~30세대는 한 번 실수를 해도 만회가 가능하지만, 나이 들면 회생하기 어렵다. 돈이 부족하더라도 아껴 쓸 수밖에 없다.

"내가 돈이 없다."고 자책을 하는 것은 비교 본능이 작용하고, 가진 것에 만족하지 못하기 때문일 수 있다. 성격상 "돈이 없다."는 말을 입에 달고 다니는 습관이기도 하다. 그러면 있던 돈도 달아난다. 은퇴하여 자식들 장성하여 독립하고, 빚 없으면 소박한 삶을 살 수 있다. 큰 빚이 있다면 걱정을 해야 하는데, 그렇다고 남이 해결해 주지는 않는다.

얼마만큼의 돈이 있어야 "나는 돈이 있다."라고 주장하며, 불만을 안 할지 모르겠다. 설령 정말로 돈이 없어 빚으로 사는 사람일지라도 "돈 없다." 소리를 자꾸 하면, 더 없어지게 마련이다. 부정은 부정을 부르고, 긍정은 긍정을 부른다. 옛 선비들의 가난은 청빈, 정직, 기개 등의 성격이 강했고, 수치(羞恥)가 아니었다. 지금의 "돈 없다."와는 차원이 다르다.

"돈이 없다."는 불평에 앞서 돈을 귀하게 생각하며, 아끼는 자세가 필요하다. 돈이 없으면 나이가 들었더라도 일을 해서 벌어야지, 운다고만 해서 없는 돈이 들어오지 않는다. "돈이 없다."라고 불평할 게 아니라, "이 정도나 있구나."라고 생각한다면 좀 편할 것이다. 돈이 없다는 불평불만을 입에 달고 다닌다면 좋은 모습이 못 된다.

"은퇴해서 심심하다."고
말하는 사람들이 할 일

상당수 은퇴자는 "할 일이 없어 심심하다."라고 말한다. 퇴직 후 처음 몇 달간은 "출근을 안 하니 좋고, 상사의 스트레스도 받지 않아 좋다."고 말하나, 곧 "할 일이 없어 너무 심심하다."고 푸념을 하는 것이다. 그래서 이리저리 일자리를 알아보고 새로운 직장을 찾기에 바쁘다. 사업을 한다며 일을 벌여 아까운 노후 자금을 날리는 경우도 있다.

퇴직해도 사정이 어려우면 계속해서 돈을 벌어야 한다. 아직 아이가 어려 교육비가 들어간다거나, 경제적 사정이 좋지 않은 경우가 될 것이다. 그렇지 않고 일은 안 하면서 심심하다고 하면 '놀 계획'이 없어 그런 것이니 계획을 짜야 한다.

사실 직장을 나오게 되면 심심함은 각오해야 한다. 보통 30년 이상 직장에 매여 있다 보면 거기에 익숙해져 있다. 그런데 어느 날 퇴직이라는 이름으로 직장과 이별을 하게 되면 허전하고 심심해질 것은 뻔한 이치이다. 이것을 당연하게 감수하고 새로운 환경을 맞이해야 한다.

먼저 퇴직한 은퇴자로서 권하고 싶은 것은 건강과 시간을 함께 생각하는 일이다. 나이가 차면 아이들의 결혼은 친구들 간 대화의 뒷전으로 미뤄지고, 건강과 살아갈 이야기가 주된 화제가 된다. 은퇴와 건강은 맞물려 있다. 건강과 연관되게 시간을 보내라는 말이다. 가장 먼저 가야 할 곳은 헬스장이다.

지금 우리나라는 워낙에 주민자치가 잘돼 있어 동네 주민자치센터에는 헬스를 비롯한 갖가지 취미활동 프로그램이 마련되어 있다. 거기에 등록부터 해야 한다. 값이 매우 싸다. 지역마다 차이가 있지만 월 2~3만 원 정도이다. 헬스에서 건강을 챙기고 체력의 정도에 따라 다른 프로그램을 해도 무방하다. 탁구나 서예, 기타, 하모니카, 노래교실 등 다양하게 할 수 있다. 능력이 된다면 좀 더 좋은 시설로 가서, 지도를 받으면 효과적이다.

헬스가 왜 첫 번째냐 하면, 싼 회비에 건강도 챙기고 친구도 사귈 수 있어서이다. '헬스=근육=건강'이다. 근육에 따라 건강이 달라진다. 놀더라도 헬스장에 나와 놀아야 한다. 무조건 오전 10시께 집을 나와 헬스장에 도착하는 것이 중요하다.

2시간 정도 운동을 하고, 친구와 점심을 먹고 차 한잔까지 곁들이면 오후 2시께가 된다. 헬스장에 결석하지 않고 출근을 하면 자연스럽게 친구가 생긴다. 점심 지갑도 한 번씩 열기를 권한다. 그것이 인생의 맛이고, 오늘 내가 점심 한 그릇을 사면 오늘의 부자는 바로 나다.

그리고 귀가하여 집안일을 돌보거나 독서를 해도 좋다. TV는 틀지 않기를 바란다. 아내와도 일주일에 최소 한 번쯤은 점심을 하면 좋겠다. 그동안 아침만 먹고 출근한 후 점심 저녁은 바깥에서 해결하니 아내와 둘이서 오붓하게 식사할 여유가 없었다. 좋은 결과가 있을 것이다.

건강이 안 좋으면 '돈이고, 심심함이고'가 다 의미 없다. 생사가 목전에 다다랐는데 무슨 심심함이 있겠는가? 첫째도 둘째도 건강임을 명심해야 한다. 자식에게 재산을 물려줄 생각 말고, 부모가 건강하여 자식의 부담을 덜어주어야 한다.

자식에게 짐이 안 되려면 부모의 건강이 최우선 과제이다. 가족 중 누구 한 사람이라도 중병에 걸리면 집안 모두가 중심을 잃고 쓰러진다. 어떠한 일이 있더라도 오전 10시면 헬스장에 나타나는 것이 지상과제임을 명심해야 한다. 여기에 익숙해지면 차츰 범위를 넓혀가면 된다. 글 쓰기와 글 읽기는 정신 건강에 도움이 된다. 지식의 확보 이외에 치매를 방지하는 중요한 역할을 한다. 의학계에서 이미 공인된 것으로, IT나 스마트폰에 익숙한 사람의 뇌를 활발하게 해주는 효과가 크다. 신문을 읽든, 책을 읽든, 일기를 쓰든, 읽고 쓰는 것은 건강에 좋은 것이니 적극적으로 권한다.

 이렇게 하루를 시작하고 폭을 넓혀가면 심심해질 이유가 없어진다. 그리고 은퇴 후는 편안하고 넉넉하고 여유 있는 시간이 되어야 한다. 현역 때처럼 바쁘고 긴장되게 쫓겨 정신없는 시간과는 다른 세상이다. 퇴역해서도 현역 때처럼 정신없이 돌아간다면 퇴역을 할 필요가 없다. 현역과 퇴역은 완전히 다른 세계임을 알고 맞게 처신해야 한다.
 우리의 몸은 아무리 의학이 발달 되었다고 하지만, 쓸 만큼 쓰고 나면 쇠락해지고 녹슬게 마련이다. 이 엄연한 자연의 섭리를 알고 받아들여야 한다. 아직도 얼마든지 젊은 사람처럼 일할 수 있다는 과신은 금물이다. 물론 그런 사람도 있겠지만 대다수는 질병이 발생한다.
 우스개이지만 이런 이야기들이 있다. 나이가 들어 이가 안 좋아지는 것은 소화 기능이 떨어져 많이 먹지 못하니 과식을 하지 말라 하는 것이다. 무릎이 아프다면 젊었을 때 너무 일을 많이 했거나, 무리하여 그런 것이니 이제는 좀 쉬라는 신호이다. 정신이 깜빡깜빡하고, 금방 잊어버린다면 뇌 질환이 생길 우려가 있으니 좀 휴식하며 머리를 식히라는 경고인 것이다. 들어보면 모두가 맞는 말이다.

아무런 일도 하지 않으면서 "심심하다, 후배들도 전화 한 통 안 한다."고 불평은 하지 말아야 한다. 퇴직을 해보면 내가 근무했던 직장이 얼마나 좋은 곳이고, 지금 후배가 앉아 있는 자리가 얼마나 높은 곳인지 알게 된다. 공무원이라면 더욱 그렇다.

어떤 간부급 퇴직 공무원은 "있을 땐 몰랐는데 나와 보니 공무원이 얼마나 높은 자리인지 알게 되었다."며 혀를 내둘렀다. 후배 전화를 기다리기에 앞서 내가 먼저 전화를 하는 것이 낫다. 누구나 그렇게 된다.

은퇴라는 영어단어 'Retire'는 '타이어를 새로 갈아 끼워 다시 출발한다'는 것이다. 여기에서 재출발은 새롭게 일을 하더라도 하고 싶은 일을 하는 것이다. 놀더라도 자신이 놀고 싶은 것을 골라 놀아라 하는 것이다. 이제는 자기가 하고 싶은 것, 놀고 싶은 것을 마음껏 하라는 의미로 받아들이면 좋겠다.

나는 은퇴 후 생활은 일보다는 내가 놀고 싶은 것, 해보고 싶은 것 등 건강과 취미생활에 치중했으면 한다. 은퇴 후 생활의 방향은 휴식과 여유를 즐기자는 것이다. 물론 은퇴와 무관하게 일을 할 수 있지만, 은퇴는 좀 편안한 게 좋겠다. 은퇴 생활마저 바쁘고 긴장한다면 인생이 너무 각박하지 않은가?

멋있게 나이 들고 싶다면
버킷리스트를 작성하라

　누구나 나이가 들면 늙음을 거부하려는 본능이 작용한다. 늙어도 늙는 것이 싫고, 젊음이 유지되기를 바란다. 늙어가더라도 멋있게 늙기를 원한다. 이런 욕구에서 자유로운 사람은 없다. 내가 생각하기에 멋있게 늙기 위해서는 늙는 것을 인정하고 수용하는 것이 먼저일 것 같다.
　늙음에 대해서 나의 뇌리에 찬반이 갈리고 있다면, 머리통이 터져나갈 것이다. 늙음을 깨끗이 인정하고, 늙는 것에 대한 스트레스를 해소해 버린다면 자연적으로 더 젊고, 멋있게 늙어갈 것 같은 느낌이다.
　내가 그렇게 생각하지 않아도 늙음은 시시각각 다가온다. 나의 의사와 무관하게 시곗바늘 돌아가듯이 오는 것이다. 이를 거부해서는 안 되고, 거부한다고 해서 거부되는 것도 아니다. 늙음은 정신과 육체 중, 육체에서 먼저 온다. 몸이 삐꺽거리는 소리가 서서히 들린다.

그러나 나이가 든다고 해서 갑자기 몸에 이상이 오는 것은 아니다. 여전히 건재한 게 오늘의 시니어이다. 70대의 눈에는 50~60대는 어린아이처럼 보인다. 그런 아이들이 "노화로 몸이 불편하다."고 푸념을 하는 것을 보면 우습기 짝이 없다. "허 참, 젊은 사람들이 쓸데없는 걱정으로 몸이 불편해지기를 자청(自請)하고 있구만." 하면서 딱하게 생각한다.

실제로 살아보면 70대도 크게 몸이 불편하지 않다. 약은 좀 먹는다 하더라도 움직이는 데 큰 불편은 없으며, 탁구도 쉬지 않고 1시간가량 연속해서 칠 수 있다. 내가 소속된 탁구팀의 목표가 '80세까지 탁구 치기'이다. 그런 정도이면 괜찮은 건강이 아닌가?

그런데 "몸이 예전 같지 않다."라고 불편을 호소하는 60대 젊은이들은 '불편'이라는 말을 입에 달고 사는 것 같다. 60대는 액티브하게 살아야 하고, 멋있게 시간을 보내야 한다. 액티브 시니어의 주체가 바로 60대이다. 이때는 건강도 괜찮은 데다 경제력도 있어 멋진 생활을 할 수 있다.

그동안 회사 일에 바빠 여행도 제대로 못 했을 수도 있고, 하고 싶은 취미생활도 포기했다. 이제는 큰 걱정이 없다. 시간은 넉넉하고 형편도 웬만하니 시간을 즐길 수 있다. 잘 챙겨주지 못했던 아내에게도 봉사할 수 있는 좋은 기회이다. 이 시간을 정말로 잘 보내야 한다. 이 소중한 시간에 병을 자청하고, 몸이 불편해지기를 바라는 것 같은 말을 해서는 안 된다.

내가 생각하기에, 나는 아직도 때로는 청춘의 젊은 시간에 머물고 있다는 착시(錯視), 착각(錯覺) 현상에 빠진다. 길을 가다 예쁜 여중생을 보면, 마치 내가 어린 남중생으로 돌아간 것 같고, 여고생이라면 나는 남고생, 여대생이라면 나는 대학생, 30대 여성이라면 나는 30대 직장 남성으로 돌아간 듯하다. 상대 여성을 훔쳐보는 것은 아니지만, 보는 순간 그런 착각에 빠져 순간적으로 먼 옛날로 돌아가 버린다. 아련한 옛 기억에 대한 추억이다.

여러 번 이야기했지만 시간은 그렇게 많이 남지 않았다. 길게 남았다고 생각하는 순간 얼마 남지 않았다는 불안감이 엄습한다. 그러니 '그때'가 올 때까지는 멋지게 즐겨야 한다. 그것이 멋있게 사는 시니어다.

내가 90이 되기까지는 20년의 세월이 남았다. 10년이 될 수도 있다. 10년이든, 20년이든 내가 해보고 싶은 대로, 이른

바 '나대로'의 인생을 살아봐야 한다. 지금도 늦지 않았으니 한번 해볼 만하다. 버킷리스트를 짜서 하나하나 실행을 해보는 것도 한 방법이 될 수 있다.

주변에 건강과 신념, 경제력을 가지고 있는 사람들이 많다. 목표를 실천에 옮긴다면 그 과정에서 많은 희열을 느낄 수 있을 것 같다. 버킷리스트란 죽기 전에 꼭 해보고 싶은 것을 적어놓은 목록이다. 우리말로 해석하면 '소망 목록'이다.

나의 버킷리스트 1번은 스페인 산티아고 순례길의 완주이다. 800km에 달하는 전 코스를 한 달 이상 걸어서 가는 것이다. 과연 내가 할 수 있을까? 라는 의문이 하루에도 수십 번 든다. 나는 다리가 좀 좋지 않아 오래 걷기가 힘들다. 두 번째는 베스트셀러 작가 되기, 세 번째는 원어민 수준의 영어회화 능력 갖추기이다.

나의 체력으로는 종일 걸어도 20km가 채 안 될 것이고, 그나마 매일 쉬지 않고 걷는 것은 무리이다. 충분히 쉬며 걸어야 하는데 그러려면 50일 이상이 걸릴 것이다. 유튜브를 통해 동영상을 수시로 보면서 결의를 다지고 있건만, 아직은 겁이 나서 실행에 옮기지 못하고 있다. 더 늦기 전에 결행해야 하는데 차일피일 미루고 있다. 동행할 친구가 있었으면 좋겠다.

동년배의 친구는 오래전에 혼자서 다녀왔다. "지금 내가 갈 수 있겠느냐?"하고 물어보면 "얼마든지 가능하다."라고 말을 해준다. 워낙에 코스 주변의 시스템이 잘되어 있어 마음먹고 나선다면 할 수 있다고 한다. 그러나 지금은 망설여진다.

이런 다소 무모한 계획도 성취를 한다면 시니어로서의 자존심과 프라이드 고양에 많은 도움을 줄 것 같다. 자랑스럽게 주변에 이야기할 수 있다. 건강과 체력이 가능하고, 용기 있는 시니어라면 도전을 해볼 만한 가치가 있다. 누구나 이러한 이벤트의 주인공이 되어 삶과 생활에 활력소를 가져오기를 바란다.

늙음이 반드시 짐이 되는 것만은 아니다. 20~30세의 젊은 층의 장기(長技)가 지식이라면, 60~70세의 시니어들은 지혜이다. 노마지교(老馬之教)라는 말이 있다. "늙은 말의 가르침"으로 풀이할 수 있다. 봄에 출병한 병사들이 전쟁을 마치고 귀가할 때는 겨울이 되었다. 많은 눈이 내려 길을 덮어 군사들은 우왕좌왕했다.

이때 한 병사가 "늙은 말이 길을 잘 안다."고 했다. 그래서 노마(老馬) 한 마리를 풀었다. 두리번거리던 늙은 말은 곧 방향을 잡고 길을 찾아 걷기 시작했다. 병사들도 따라 움직여 무사히 집에 도착했다. 《한비자(韓非子)》에 나오는 말이다.

시니어는 그동안의 연륜과 경험으로 젊은이를 이끌 때 가치가 빛난다. 고성과 아집으로 점철되면 주변으로부터 외면 당한다. 여유 있고 때로는 젊을 때의 용기를 내어 액티브한 생활을 하는 것이 어떻겠는가?

액티브라고 한다면 멋도 내고, 화장도 하고, 패션도 다양하고, 경제력도 갖춘 시니어들을 말할 것이다. 반드시 돈이 요구되는 것도 아니고, 생각과 행동을 그렇게 하면 된다. 작은 계획부터 행동에 옮겨보자. 그리하여 하나씩 성취를 하여 좀 더 생의 활력소를 채우도록 해보자. 정신이 먼저 노쇠하면 육신은 절로 힘이 빠져버린다. 스스로 자신에게 외쳐라. "나는 젊고, 멋지다."고. 이 작은 다짐과 실행이 당신의 라이프 사이클(Life Cicle)을 건강하게 만들 것이다.

아들딸 결혼 비용으로
고민하는 은퇴자들

주변에는 은퇴해서도 자녀들의 혼사를 치르지 못한 사람들이 의외로 많다. 나 역시도 그중 한 사람이다. 아들딸 중 딸만 보냈으니 아들이 걸린다. 혼기가 차도 결혼을 못 하는 이유는 다음의 몇 가지로 정리할 수 있다. 남자의 직장이 없거나, 있어도 시원찮거나, 혼인할 상대가 없거나, 결혼 자금과 집을 마련하지 못했거나 등이다. 직장과 돈이 가장 큰 문제임을 알 수 있다.

결혼에 관한 우리나라의 관행은 부모가 일정 부문 경제적 부담을 지는 것이다. 결혼과 집 마련 비용을 부모가 대는 것으로, 적잖은 부모들이 그렇게 생각하고 있는 것 같다. 부모의 80% 이상이 결혼 비용은 부모가 모두 또는 상당 부분을 부담해야 하는 것으로 생각하고 있다고 한다. 자녀 역시도 부모로부터 받을 생각을 하고 있다. 주고받는 데에는 이론이 없는 것이다. 결국 70% 이상의 부모들이 결혼과 집 마련 비용을 대주어야 한다고 생각하고 있는 것 같다.

 문제는 돈이다. 사업을 하지 않고 봉급으로 평생을 살아오다 은퇴한 부모들의 경제 사정은 뻔하다. 대부분이 집 한 채와 약간의 여유자금이다. 수입은 국민연금이고, 미리 준비를 한 사람이라면 개인연금과 퇴직연금이 보탬이 될 수 있다. 은행에 맡겨놓은 예금 적금을 깨거나, 집을 팔지 않으면 돈을 마련하기 힘든 실정이다. 물론 매달 상당액의 연금을 받는 공무원은 판단이 어렵다.
 상황이 이러하니 일부 부유층을 제외한 부모들은 "자녀의 결혼이 부담된다."는 입장이다. 집을 팔고 나면 부모의 노년이 매우 곤란해진다. 나이 들어 집 없이 이 집, 저 집 전세 또는 월세로 전전해야 하며, 생활이 참담해지고야 만다. 이러니 "노년 준비의 최대의 적은 자녀이다."라는 말이 나오게 되는 것이다.

 옛날에는 신혼부부로 생활을 시작할 때는 자가(自家)는 언감생심(焉敢生心), 꿈도 꾸지 못했다. 단칸방으로 출발했다. 정말로 숟가락 하나만 갖고 신혼생활을 시작했던 것이다. 그런데 요즘은 집과 생활시설, 가전제품 등 혼수품을 모두 마련하여 출발하려 하니 혼사가 더욱 어려워진다. 또한 일반 주택과 연립 주택 등은 꺼리고, 대단위 아파트 단지를 선호한다.

아이를 낳아 공부시키고, 외국까지 보냈는데도 '결혼 자금' 타령이니 부모는 죽을 맛이다. 사업자금까지 요구하기도 한단다. 결혼 비용을 줄여, 집 마련하는 데 보태기로 하는 경우도 많다. 그러나 신부 측이 1~2억을 냈는데 신랑 측에서 내지 못한다면 어찌 될까? 결과는 예상하기 어렵다. 사람마다 다르게 대처할 것 같다. 여기에서 무엇이 지혜인지 가려질 것이다.

상황이 이러하니 결혼율은 갈수록 떨어지고, 인구는 점차 줄게 된다. 아이를 낳지 않으려 하고, 결혼을 안 하려 한다. 이제 외국인이 들어오지 않는 상황에서 산업 전반의 구조가 제대로 돌아갈 수 없는 상황에 이르렀다. 이 상태로 간다면 우리의 자랑거리인 단일민족을 고수하기도 어려워진다.

영국에서는 자녀가 성년이 되면 무조건 독립을 한다. 자식들은 독립하여 생활을 꾸려나간다. 우리는 아직 이 단계 진입을 못 하고 있다. 영국 사람이라고 해서 이제 사회로 출발하려는 자녀들이 집 없이 떠도는 것을 외면하지는 않을 것이다.

그런데도 조기 독립이 일상화되어 잘 꾸려가고 있다. 우리가 연구해야 할 대목이라고 생각한다.

정부에서는 부모의 비과세 증여액을 신랑·신부 각기 1억 5,000만 원으로 하여, 사실상 양가에서 3억 원을 비과세로 증여할 수 있도록 길을 터놓았다. 3억 원이 마련되면 2억 원 정도의 대출을 받아 집을 마련할 수 있을 것이다.

현재로서는 이 방법이 무난할 것으로 보이나, 부모가 1억 5,000만 원이라는 거금을 선뜻 내놓을 수 있을지 의문이다. 은퇴자들에게 1억 5,000만 원은 큰돈이다. 이 돈에서 한 달에 100만 원 정도를 빼 쓴다면 150개월(12년 5개월)을 지낼 수 있는 생활 자금이다. 노년의 1억 원은 그 가치를 가늠하기 어려울 만큼이나 큰돈이다.

부모가 자식에게 다 줘버리고 나면 남는 것은 빈곤과 질병이다. 우리는 이 상황을 어떻게 극복해야 할까? 주변에서는 자녀들에게 한 푼의 돈도 주어서는 안 된다고 말한다. 그러나 현실은 그렇게 만만하지 않다.

나 역시도 지금의 사는 집은 부모님으로부터 물려받은 것이다. 나는 부모에게 받아놓고, 내 자식에겐 주지 않는다면 앞뒤가 안 맞다. 자식에게 집을 물려주되 부모와 자식이 공존할 수 있는 접점을 찾아야 한다. 양쪽 다 소중한 가정이고, 자식은 천금 같은 손주를 안겨준다. 부모 자식이 못 할 말이 없고, 서로가 생활하는 데 어려움이 없도록 의논을 해야 할 것이다. 한쪽의 고집만 내세우지 말고 합의점을 찾아야 한다.

　은퇴자들의 일반적인 생각은, 현재의 집을 처분하여 작은 아파트로 옮기고, 그 차액(差額)을 아이들의 결혼과 집 마련 경비로 지원한다는 것이다. 집의 처분이 아니면 돈을 마련할 방법이 없기 때문이다. 몇억을 여유자금으로 가지고 있는 시니어는 많지 않다. 대출을 낸다 해도 상환할 방법이 없다. 버는 것이 없는데 무슨 수로 대출을 하겠는가? 그런 무리수를 둔다면 파산밖에 남지 않는다.

　자식 또한 5년 이상 회사 생활을 한다면 상당 금액을 저축할 수 있다. 여기에 대출을 받아 집 마련을 하고, 천천히 갚아나간다면 부모의 큰 도움을 받지 않고도 집 마련과 생활을 해나갈 수 있다. 서로 협조하여 머리를 짜낸다면 해결책이 나오는 것이다.

　결혼 적령기의 자녀를 둔 은퇴자들이여! 너무 걱정할 필요가 없다. 자식은 자기의 문제만 챙기려 하지 않는다. 부모를 걱정한다. 함께 머리를 맞대면 좋은 결과가 나오리라 생각한다.

　지나고 보면 현직에 있을 때 혼사를 치렀다면 은퇴 후보다는 나았을 텐데 하는 아쉬움도 있을 것이다. 그러나 내 마음대로 되지 않는다. 또한 옛날처럼 청첩장을 사방에 돌려 '축의금 모금'을 하려는 구태(舊態)는 벗어나고 있다.

하객은 꼭 모실 분만 모셔 시끌벅적한 행사는 피하며 결혼식을 간소하게 하는 '스몰 웨딩'도 늘고 있다. 결혼식을 안 하는 비혼식(非婚式)도 드물지 않다. 결혼식 문화가 바뀌어 가고 있는 것이다. 은퇴자들에게는 다행스러운 소식이라 하겠다.

생각이 늙지, 나이가 늙냐?

　사람이 늙는 것은 자연스러운 변화이고 그 누구도 피할 수 없다. 아무리 피하려고 발버둥 쳐도 피할 수 없고, 거역할 수 없다. 시간이 흘러가면 늙어가고, 몸도 쇠퇴한다. 그러나 생각과 감정의 변화에 따라 노화를 더디게 할 수 있고, 늙음도 조금은 감출 수 있다는 게 세상 사람들의 한결같은 이야기이다. 의학적 연구결과도 많이 나오고 있다.

　노화를 가속화하는 원인 중 하나로 부정적인 생각을 들 수 있다. 사물을 긍정적으로 밝게 보지 않고, 부정적으로, 비관적으로 보는 것이다. "늙어서 무슨 주책이야?" "나이 들면 아무 소용 없어."와 같은 푸념은 건강을 나쁘게 하고 수명을 단축하는 요인이라는 것이다.

나이를 이유로 차별하거나 개인의 기회를 박탈하는 사회적 이념 또는 행위를 연령 차별주의(Ageism)라고 말한다. 특히 노인층에 대한 차별 행동을 가리킨다.

이로 인해 나이 든 사람들은 나이로 위축되거나 열등한 생각을 하기도 한다. 고령화를 정신적 육체적 쇠약과 연결 지어, 나이 든 사람의 선택할 권리를 박탈하거나 자립할 능력을 부정하는 행위이다. 이러한 행태가 우리 사회에 만연되지 않았다고는 볼 수 없다.

반면 노화에 대한 긍정적인 단어를 인지했을 때는 반대의 현상이 나타난다. 기억력이 향상되고, 스트레스도 덜 받고, 혈압이나 심장의 박동도 정상으로 다가선다. 자신에 대해 '늙었다'고 생각을 하면, 더 늙어지는 것은 당연지사이니, 건강하고 젊게 살려면 스스로 젊다고 생각해야 한다. 생각이 몸과 정신을 지배한다는 논리이다. 진정한 노화는 신체적인 변화보다 생각에서 시작한다. "나이는 숫자에 불과하다."는 말과 상통한다.

그래서 이런 말이 설득력이 있다. "사람은 몸보다 생각과 감정이 먼저 늙는다." 때문에 개인의 사유(思惟: 대상을 두루 생각하는 일)가 몸보다 먼저 불평하는 늙음으로 가득 차면 몸은 더 늙어지고, 노화는 가속화될 수밖에 없다. 생각에 따라 늙음의 진행 강도와 속도가 크게 달라진다는 것이다. 그러므로 생각을 어떻게 하느냐에 따라, 젊음의 유지 여부가 결정된다. '생각이 늙지, 나이로는 반드시 늙지 않는다'는 것이다.

생각이란 우리 삶의 에너지를 끌어올리는 원천이다. 그 생각을 긍정으로 충만하게 한다면 나이로 인한 노화를 어느 정도 극복할 수 있다. 부정의 생각으로 가득 찬다면 뇌의 기능 저하와 무기력으로 이어져 불만과 짜증으로 이어진다.

한날 고등학교를 졸업한 동기생이라도 30여 년이 지나 만나보면 확연한 차이가 있음을 발견한다. 머리가 벗어지는 대머리 현상은 유전적인 원인으로 간주한다고 해도, 신체의 노화와는 별개이다. 친구가 친구를 선생님으로 착각하고, 선생님을 친구로 부르기도 한다.

"선생님 안녕하세요?"라고 인사를 했는데, 알고 보니 친구였다. 상태가 얼마나 안 좋았으면 그런 실수가 일어날까? 제자가 선생님을 보고 "친구야, 너는 몇 반이었느냐? 잘 모르겠는데." 하고 물어보는 황당한 경우도 일어난다.

나이는 같아도 늙게 보이는 친구는 젊게 보이는 친구보다 여러 가지 관리를 소홀히 해왔다고 볼 수 있다. 만약 빨리 늙어 세상과 하직하고 싶다면, 비만, 흡연, 상습 음주, 운동 기피, 잘못된 식습관, 부정적이고 비관적인 생각과 감정 가지기를 하면 된다. 스스로 무덤을 파는 조건들이다. 이런 행위들은 무조건 피해야 한다.

'애늙은이'는 60세만 되면 늙었다고 생각하고, '젊은 오빠'는 80세가 되어도 젊다고 생각한다. 여러분은 자기 나이보다 어려 보이고, 힘과 정력이 넘치는 '젊은 오빠'와 쇠약하고 나이 들어 보이는 '애늙은이' 중 어느 쪽을 선택하고 싶은가? 답은 들어보나 마나이다.

그러나 작금의 세태에서 '애늙은이'들이 많이 있으니 문제이다. 이들은 현재에 대한 자신이 없으며, 미래의 희망도 빈약하다. 하루의 시간을 무료하게 보내거나 생각 없이 지나쳐 버린다. 신체의 기능, 특히 뇌의 기능을 망가뜨려 버린다. 늙지 않고서는 못 배기는 것이다.

늙음은 나이에 따라 비례하지 않고, 때론 정지되거나 반비례할 수 있다. 이의 선택은 바른 생각과 감정, 운동과 습관에 따라 결정된다. 그 결정은 전적으로 여러분에게 달려 있다.

나이 들어서 해야 할 열 가지와 하지 말아야 할 열 가지가 있다. 전자는 마음 비우기, 권위 내려놓기, 용서하기, 청결, 사안을 인정하고 감수하기, 신변 정리, 자식으로부터 독립, 시간 절약, 감사 봉사 참여 등이다. 후자는 잔소리, 큰소리, 원망, 포기, 늙음을 빌미로 젊은이를 탓하기, 아는척하기, 응석, 절약, 자식과 며느리 흉보는 것 등이다.

　모두 맞는 말이다. 내가 해야 할 일 한 가지를 추가하자면, 돈을 너무 아끼지 말라는 것이다. 돈이 많든 적든 형편에 맞춰 좀 쓰라는 말이다.

　돈이 있음에도 너무 아끼고 자기 것만 챙기면 보기 좋은 모습이 아니다. 쉬운 말로 아내나, 자식이나 며느리, 손주 등 가족들에게 좀 풀어야 한다는 것이다. 큰돈이 들어가지 않는다.

　집안의 어른으로서 한 번씩 가족들 밥도 사고, 먹을 것도 사 들고 집에 들어오면 가족들은 좋아한다. "내가 어른이야."라며 허세를 부리며, 지갑을 잠그고만 산다면 '밉상'이 될 수밖에 없다. 쉽고도 효과가 빠른 행동이니 시니어들은 꼭 실천을 해보길 바란다. 금방 대우가 달라진다. 나이 들수록 이러한 사고의 전환이 필요하다.

　직장인 대부분은 60세쯤에 직장을 떠나 은퇴를 한다. 그러나 70~80세가 되어서도 활동적인 마인드를 갖고, 새로운 사업을 시작하는가 하면 오지(奧地) 여행을 하는 사람도 있다. 무엇이 그렇게 만드는 것인가? 긍정적인 생각 때문이다. '할 수 있다'는 자신감이다.

　그렇다고 일반 샐러리맨이 퇴직하여 사업을 하라는 말은

절대로 아니다. 그런 쪽의 사람이라면 사업을 벌여서는 안 된다. 시작한다 해도 거의 망하는 수순을 밟고야 만다. 경험과 자본도 부족한데, 욕심내려다 평생 모은 퇴직금과 연금을 날린다. 엉뚱하게 까먹지 말고, 아껴 쓰면서 가족들에게 베푸는 넉넉함이 필요하다. 그러면 언제든지 우선순위로 불러준다. 쏠쏠한 행복이다.

일반적으로 나이 든 사람들은 외로움, 쓸쓸함, 빈약 등의 부정적인 단어로 표현되는데 이런 현상을 탈피해야 한다. 그래야만 행복하고 여유 있는 노년을 보낼 수 있다. 늘 생각과 감정을 편하게 하고, 긍정적이고 행복한 삶을 영위해야 한다.
 지금의 시니어들은 어려운 시기에 태어나 갖은 고생을 하면서 가정과 사회를 지켜왔다. 그러나 과거는 과거이다. 감수하면서 안고 가야 할 문제이다. 늘 밝은 표정으로 웃고, 봉사하고 베푸는 가운데, 긍정적인 삶의 자세를 가져야 한다. 생각은 정신과 육신을 지배하고, 나이는 거기에 따라간다는 사실을 잊어서는 안 된다.

시니어의 편지

늙음은 즐겁고 재미있게 보낼 때
그 가치가 빛난다

    나이 70세 먹은 할아버지가 편지를 쓴다고 하니 노인의 꼬장꼬장한 잔소리가 칸을 채울 것이라는 생각을 할지 모르겠습니다. 제가 생각을 해봐도 70세 나이는 글을 쓰기에는 좀 많은 것 같습니다. 눈도 침침하고, 허리도 찌뿌둥한데 말이지요. 그러나 그런 우려는 일단 접으시고 글을 읽어주시길 바랍니다. 모두가 공감하는 좋은 이야기를 써보도록 하겠습니다. 저는 젊어도 봤고, 늙어도 봤으니 양 세대를 아우를 수 있다고 생각하지 않습니까?

    사람은 젊어서나 늙어서나 즐겁고 재미있어야 합니다. 늙어서 더욱 즐겁고 재미있어야 합니다. 젊어서는 즐겁고 재미있는 일이 많이 생깁니다만, 나이 들어서는 그런 일이 잘 일어나지 않습니다. 젊어 연애할 때는 하늘의 별도 따주고, 달나라에도 함께 가자고 합니다만, 늙어서는 그런 '거짓말'은 못합니다. 그러니 늙어서 즐겁고 재미있게 보내는 것은 나름 힘이 들고, 의지와 소신, 노력이 없이는 힘듭니다.

  나이 들어 연애한다고 하면 주책이라 하며 핀잔을 받기 일쑤입니다. 젊은이들은 낭만과 로맨스라고 그러지요. 주책과 로맨스, 그게 차이입니다. 주변의 일반적인 인식이 이러하니, 나이 들어 즐겁고 재미있게 보내려면 강한 의지와 소신, 노력이 있어야 한다고 강조를 하는 것입니다.

  우선 즐거움과 재미를 받아들일 자세를 갖춰야 합니다. 준비가 안 됐는데 갑자기 하늘에서 떨어져 버리기라도 한다면 아무런 대책이 없답니다. 마음의 준비를 하고, 그런 선물이 온다면 감사하게 받아들여야 합니다. 저는 그 일차적인 자세가 원만한 부부관계라고 생각하는 사람입니다. 나이가 들면 가족은 다 떠나가고 남편과 아내, 아내와 남편, 두 사람만 남습니다. 그런데 두 사람의 사이가 서먹하거나, 삐걱거리면 기댈 언덕이 없습니다.

  부부가 밥상머리에 앉아 소곤소곤 이야기하고, 함께 TV를 보고, 맛있는 음식 먹고, 여행도 가고 등 잘 지내야 합니다. 이것이 깨지면 아무것도 되지 않습니다. 홀로 외롭게 공원을 배회하거나 목적지 없는 지하철이나 버스를 타고 종일 시간을 때워야 합니다.

　여성은 혼자 잘 지낸다고 합니다. 그러나 남성은 혼자 두면 거의 바보가 되고 맙니다. 놀 줄 모르지요. 여성들은 "시간이 없다."라고 아우성이며, 아침 일찍 나가 저녁 늦게 와도 "다 못 놀았다."고 말하지요. 24시간이 모자라는 여성입니다.

　그렇다면 남성 여러분은 어떻게 해야 할까요? 방법은 세 가지입니다. 하나는 친구 찾아 3만 리로 나서야 합니다. 나이 들어 시간을 함께 보내줄 사람은 친구밖에 없으니까요. 부지런히 전화를 돌려야 합니다. 점심도 사고, 공을 들여야 하지요. 그러나 지금까지 안 하던 일을 하려니, 돈도 들고 때론 고달프기도 합니다. 새로 친구를 사귀려면 더 고단합니다. 친구가 잘 안된다면 골프채를 잡거나, 헬스를 하거나 등 취미를 되살려야 합니다.

　두 번째로는 혼자 고독을 씹어야 합니다. 아침밥 한 그릇 얻어먹고 아무도 기다리지 않는 황량한 공원이나 도서관으로 직행해야 합니다. 사실 요즘 대한민국의 동네 도서관은 세계 최고 수준입니다. 각종 도서는 물론, 냉·난방 등 일류 시설을 자랑합니다.

　그곳에서 아침부터 저녁까지 독서삼매경에 빠지면 됩니다. 구내식당에서 점심도 해결할 수 있습니다. 그나마 도서관이라면 사정이 나은 편입니다.

　공원이라면 제가 나서 말리고 싶네요. 공원 산책도 시간이 있는데, 아침 인파가 빠져나간 오전 10시께부터는 썰렁합니다. 아무 할 일도 없고, 무료와 외로움, 그 자체입니다. 공원을 혼자 산책하면 여름이라도 허리가 시리며 가을 같다고 하는데, 왜 그런지는 알고 계시겠지요. 함께할 사람이 없어서이죠.
　마지막으로 부부 함께입니다. 아침을 함께 먹고, 점심도 일주일에 1~2번 정도 같이하고, 편안하게 친구도 만나고, 일을 마치면 귀가해서 아내와 도란도란 얘기도 하고, 안락하게 지내는 것입니다. 문제는 그러한 분위기가 잘 안되는 경우인데, 이제부터라도 각고의 노력을 기울여야 하겠지요.
　남자들이 60세 은퇴를 가정했을 때 '백수'로 보내는 시간은 대략 20년, 많으면 30년도 됩니다. 이 긴 세월을 부부가 한마음이 아닌 따로 행동한다면 생활이 곧 고통이고 질곡(桎梏)입니다. 이 모든 고난을 극복하는 유일한 길은 원만한 부부관계에서 나옵니다. "열 아들보다 악처 한 사람이 낫다."는 말 아시죠.

　또한 저는 노화의 두려움에서 벗어나라고 말합니다. 노화는 나만이 아닌 모든 사람이 다 겪는 것이고, 지극히 자연적인 현상입니다. 이기겠다고 하면 큰일 나지요. 그냥 친하도록 하세요. 자연의 섭리를 거슬러서 좋은 게 뭐가 있겠습니까?

늙음을 인정해 버리면 그만입니다. "그래 너 노화, 마음대로 해봐, 나는 나대로 살 거니까." 하는 배짱이 있어야 합니다. 그래야만 노화와 늙음도 저만큼 도망가는 흉내를 내지요. 내가 날 대자연의 섭리에 맡기고, 몸과 마음을 비워버린다면 무엇이 무섭고 두렵겠습니까?

그러니 100세 인생 과욕은 버리세요. 아무나 100세가 오는 것은 아니라는 것쯤은 여러분도 아실 것이고, 자칫 온다면 축복의 서비스도 되겠지만 재앙일 수도 있다는 사실을 명심하셔야 합니다. 제가 100세면 자식도 70대 이상인데, 그때는 부자간의 생사도 짐작하기 어렵게 되겠지요. 경쟁할 게 따로 있지, 혹시 자식에게 이기면 어쩌시려고요?

은퇴란 모든 일에서 손을 놓는 것이지만, 그래도 일을 하고 싶다면 자기가 하고 싶은 일을 골라 하세요. 현역 때처럼 싫은 일을 억지로 하지 마시고, 젊어지고 신바람이 나는 그런 일을 하세요. 그러면 돈도 벌고, 일도 하여 건강해지고, 일석이조가 따로 없네요.

그러나 저는 일하기를 권하지 않습니다. 일 대신에 그동안 못 했던 취미활동이나 특기를 살린 레포츠를 해보시기를 권합니다. 노래도 불러보고, 춤도 춰보고, 기타도 배우고, 여행도 해보고, 손주에게 용돈 주며 함께 놀아보고 등 할 일이 너무너무 많습니다. 버킷리스트를 짜보시기를 바랍니다. 갑자기 바빠집니다.

저는 2년 전에 펴낸 책 《나의 인생, 나는 나대로 산다》에서 행복에 대해 이렇게 말했습니다. "행복은 당장에 써먹어야지, 저축하며 아끼면 안 된다."고 말입니다. 그렇습니다. 행복과 즐거움과 재미는 생기는 즉시에 즐겨야 합니다. 그것이 많이 생기도록 노력하고, 생기면 바로 써먹어야 한다는 것입니다. 절대로 미뤄서는 안 됩니다.

돈은 저축하면 복리 이자로 불어나지만, 행복은 줄어들거나 사라져 버립니다. 왜냐고요? 사람의 정신과 육신은 나이가 들수록 노쇠하여 쓰기가 힘들어지니까요. 70세 나이도 많은데, 70세에 생긴 행복을 아꼈다가 80세가 되어 써먹으려면 그땐 하늘나라에 가 있을지도 모른답니다. 80세의 생존율은 30%대니까요.

노쇠한 나이에 돈이 있어 본들 쓸데도 없는 것을 알아야 합니다. 놀 수도 없고, 재미를 즐길 수도 없고, 후회로 회한만 남겠지요. 우리는 이런 우매한 일을 해서는 안 되고, 놀 수 있을 때 놀고, 즐길 수 있을 때 즐겨야 합니다. 귀에 못 박

히도록 들은 이야기입니다.

당부드립니다. "돈을 너무 아끼지 마세요, 나와 아내를 위해 좀 쓰세요." 지금이라도 '금고'를 풀어서 아내의 마음을 돌려 확실히 내 편으로 만드세요. 그것이 노년 생활을 즐겁고 재미있게 사는 지름길이랍니다.

사실 아내라는 동물(?)은 돈에 약하고, 정에 약한, 착한 사람들입니다. 조금만 모셔주면 혼비백산하여 내 남편만 찾는 연약한 여인들이지요. 이기려 하지 말고, 무조건 지시길 바랍니다. 어디 이길 데가 없어 마누라에 이기려고 합니까?

지금의 시니어들은 평생 일만 해온 세대들입니다. 50~60년대, 아니 그 이전의 가난한 시기에 태어나, 열심히 공부하고 죽도록 일을 하여 가족을 부양하고 부모를 모셔온 세대들이지요. 그들 세대는 마땅히 행복을 누릴 권리가 있습니다.

일하지 않으면 가족이 굶어 죽는 상황에서 일 이외에 할 수 있는 것이라곤 아무것도 없었지요. 그렇게 앞뒤 안 보고 일한 결과, 우리도 따뜻한 물로 세수하고, 시원한 에어컨 바람 쐬고, 자동차 타는 것 아니겠습니까?

그 풍요로움이 남편의 희생과 노력만으로 이뤄지지 않았다는 반론을 제기하시겠지요. 부부 함께 열심히 일한 커플도 많이 있는 것을 잘 알고 있습니다. 부부 함께 일하며 가정을 꾸리고, 부모님 모시고, 자식 키우느라 고생을 하셨지요. 이제 그 노력의 과실을 따 먹어야 할 때입니다. 맛있고 달콤한 그 열매를 마음껏 드시길 바랍니다.

   제가 이렇게 말하면 "세상 물정 모르는 놈이구나."라고 욕할지 모르겠네요. "하루하루 생활도 힘든데, 행복을 즐기라 하니 배가 부르구나."라고 말입니다. 그래도 어쩌겠습니까? 힘이 들어도 즐겁고 재미있게 살아야 하는 것을요. 얼굴을 찡그려야 되겠습니까? 표정은 밝게, 말은 재미있게 해야 하지 않을까요. 웃는 얼굴에 침을 뱉을 수야 없지요.
   고생한 선배들이 있어야 편안한 후배들이 있겠지요. 세월이 지나고 시대가 바뀔수록 우리의 후손들은 선대보다 나은 삶을 살아야 합니다. 우리의 자식들에게 훌륭한 나라를 물려주는 것이 피땀 흘려 나라를 일구고 지켜온 고난의 선배 세대가 해야 할 의무이자 책무입니다. 두 번째 시니어의 편지는 〈PART 2〉의 글이 끝나는 시점이 되겠네요. 그때 또 뵙기를 바랍니다.

| PART 2 |

부부간 사랑은
숭고한 자연의 섭리이다

부부간의 사랑만큼 고귀하고 숭고한 것은 없다.
살을 부대끼고 살면서도 잘 모른다.
이제 그 섭리를 반드시 알아야 할 때이다.

"공장 문 닫은 지 오래됐어요."

    남성에게 있어 가장 민감한 노화는 무엇이라 생각할까? 여러 곳이 있겠지만 하나를 먼저 꼽으라면 성기능 저하가 될 것 같다. 성기능 저하만큼 민감하고 중요하게 생각하는 것은 잘 없을 것이다. 또한 자신의 건강 상태를 성기능과 연관시키기도 한다. 아무리 건강검진 결과가 시원찮게 나와도, '그것만 되면 그만'이라고 호기를 부린다. 반면 검진 결과가 양호하게 나와도 그것이 안 된다면 '인생 다 살았다'는 실망감에 휩싸여 버리기도 한다.

    남성에게 성기능은 인생 그 자체라고 할 만큼 중요한 부문을 차지하고 있을 것 같다. 자존심과도 연결된다. "하늘이 무너지는 느낌"이라고 해도 틀린 말이 아니다. 아마도 여성들은 잘 모를 것이다.

　남자는 "문지방을 넘을 힘만 있거나, 밥숟가락 들 힘만 있어도 가능하다."라는 옛말이 있다. 그만큼 욕구는 여성보다 훨씬 강하다. 그러나 욕구는 있어도 나이 들수록 힘이 떨어지고, 배우자도 별로 환영하지 않으니, 권총을 차도 무용지물이다.
　여성들은 훨씬 무딘 듯하다. 동년배의 여자 지인을 만나 물어보면 답은 명료하다. "벌써 '공장 문' 닫았어요." "이 나이에, 문 닫은 지가 언제인데 아직도 그런 걸 물어봐요?"라고 답을 한다. 여성도 60~70세 나이가 되면 거리낌 없이 이야기하는 것이다.
　그런데 남성들은 "전혀 아니올시다."이다. 아직껏 자신 있다고 장담하며, 원상복구를 하려는 욕구가 매우 강하다. "공장 문을 닫다니 그게 웬 말인가?" 하며 대경실색한다.

　이런 내용은 학술논문이나, 전문 서적에 수록되어 있는 것은 아니다. 남자로서 인생을 살아온 대다수 사람들이 공통으로 느끼는 현상이다. 물론 배우자가 잘 알아 격려하고 도움을 주면 좋으련만 이 또한 잘되지 않는 게 현실이다.
　어떤 지인은 휴일 집에 아내와 두 사람이 있으면 좀 어색하다고도 말한다. 부부 여행을 가고 싶어도 호텔 합방(合房)을 꺼려 못 간다고 한다. 나이 들어 성기능이 떨어지는 것도 서러운데, 부부애마저 떨어지니 죽을 맛이다. 마땅히 하소연할 데도 없고, 가까운 친구들과 만나 소주잔이나 기울일 뿐이다.

사실 정상적인 부부관계는 몸에 굉장히 좋다고 한다. 특히 시니어는 긍정적인 장점들이 굉장히 많다. 이건 책에도 잘 나와 있다. 가장 중요한 게 치매 예방과 노화 방지, 수명 연장이다. 면역력 강화, 피부 건강, 골다공증 예방, 불면증 개선 등은 부가 서비스이다. 남성들은 전립선 질환 치료와 전립선암 예방에도 효과가 크다.

이 정도로 건강에 좋다면 도시락 싸고 다니면서 즐겨야 하는데 잘 안되니 슬픈 일이다. 돈 안 들고 건강 좋아지는데 마다하는 사람들이 적지 않으니 안타깝지 않은가? 음양(陰陽)의 조화인데 안 좋을 게 무엇이 있겠는가? 그러나 현실은 마음 같지 않고 차디찬 냉골이다. 마음은 뻔한데 몸이 안 따라주니 이 일을 어찌할꼬? 좋은 점이 많은데 노화로 어렵다 하니 씁쓸하다. 인생 살맛이 안 난다.

방법이 없을까? 당연히 있다. 운동을 열심히 하여 몸을 만드는 것이 먼저이고, 아니면 약을 먹으면 된다. 그러나 약은 장복(長服)하면 한계가 오는 법이고, 평생 복용할 수는 없는 일이다. 아무리 운동을 열심히 해도 노화에서 오는 퇴화는 막기 힘들다. 그러면 정녕 어찌하면 되는가?

전문가들은 이렇게 말한다. 전통적이고 교과서적인 방법을 고집하지 말고, 대안을 찾으라고. 굳이 예를 들자면 마사지를 비롯한 다양한 스킨십이다. 어느 유명 인사 남녀는 둘 다 80세를 넘어 결혼했는데 각자 물어보니 "초야를 잘 보냈다."고 TV에서 말했다.

짐작건대 서로를 위로하며 나름대로 방안을 강구했을 것이다. 문제는 남녀 간의 정신적·육체적 교감이지 반드시 실질적인 방법은 아니었을 것 같다. 초야 다음 날 그들은 매우 밝은 표정이었다.

그러니 대안의 첫 번째 열쇠는 원만한 부부 사이이다. 부부만큼 편한 사람은 없다. 수십 년 살다 보면 서로 속일 것도 없고 속을 것도 없다. 미운 정 고운 정 다 들어 의지할 사람은 남편과 아내뿐이다. 노화에서 오는 에너지의 고갈을 대화와 협조, 그리고 두 사람만의 깜찍한 지혜로 극복해 내면 된다. 머리를 맞대면 얼마든지 방법을 찾아낼 수 있다.

사실 부부 두 사람만의 공간에서 무얼 못 하겠는가? 서로가 감출 것도 없고, 떼려야 뗄 수 없는 관계가 부부인 것이다. 이런 관계가 조성되어야 성기능 강화도, 보완책도 마련할 수 있다.

반면 일부 남성들은 부부간에 만나면 멀쩡하던 '기계'가 고장 나거나 동력이 떨어지거나, 아니면 가동이 중단돼 아무런 도움이 안 된다고 말한다. 의외로 이런 사람이 많다. 그래서 외인부대를 찾거나 '밤의 문화'에 젖어 '마눌'을 도외시하기도 하는데, 사태가 이 지경이 되면 백약이 무효이다. 그래도 나는 가능한 가정에서 방법을 찾기를 권한다.

우리나라 영화 〈죽어도 좋아〉(2002)는 죽음보다 더 외로운 고독에 빠진 70대 남녀의 애정 실화다. 각자 배우자를 사별하여 홀로 하루하루를 연명하다 운명처럼 만나, 실버 신혼의 뜨거운 밤낮을 보낸다. 다행히 '기계'도 녹슬지 않아 희열을 느낀다. 여인을 위해 닭을 잡고, 낮에도 쉬지 않았다며 달력에 쓰고 즐거워한다. 주책이니 망측이니 하는 분위기는 장롱 속에 넣어버렸다.

노인의 경우 남성이 남성 같지 않고, 여성이 여성 같지 않다는 일각의 관념을 벗어난 영화이기도 하다. 그런 인식은 특히 부부 사이에 있어서는 걷어차 버려야 한다. 노인의 성(性)에 대한 일부의 잘못된 생각을 바로 세웠다는 평가를 받기도 했다. 남녀관계, 특히 좋은 부부 사이는 노화로 인한 성적 장애를 충분히 이겨낸다고 본다. 사정이 이러하니 중요한 것은 부부 두 사람의 솔직한 협력과 협조이다.

남성은 여성의 '문 닫은 공장'을 재개장할 지혜와 인내, 포용이 필요하다. 상대가 문을 닫았다 하여, 나까지 '폐업'을 해 버리면 곤란하다. 나는 지금 '공장 수리 중'이니, 조금만 있으면 문을 다시 연다는 자신감을 가져야 한다.

특히 50~60대의 남성들은 청년의 심장이 고동치는 '젊은 시니어'들이다. 얼마든지 리모델링을 할 수 있고, 재건축도 할 수 있다. 자신감을 잃고 쉽게 포기하여 '직장폐쇄'를 한다든지 폐업계를 제출해 버리면 만사 휴의이다.

한 조사에 따르면 80대의 남성들도 20% 정도가 여전히 '공장 가동'을 하고 있고, 60대는 절반 이상이 '정상 가동'을 하고 있다. 자신감이 중요하다고 하겠다. 나이는 들어 육체의 세포는 늙어가도 정신은 맑고 가슴은 뛴다.

부부관계와 스킨십,
다다익선(多多益善)이 좋다

성문화에 관한 한 남성은 억울한 측면이 있다. 아직은 욕구는 분출하는데 이를 받아줄 현실은 그렇지 않으니 답답하기 그지없다. 노화로 다소 불편한 점은 있지만 그래도 마음은 청춘인데 여론과 조건은 썩 좋지 않은 것 같다. 젊은 사람들처럼 은밀한 곳을 기웃거릴 수도 없고, 형편도 되지 않는다. 물론 경제적 여유가 넉넉한 사람도 있겠지만, 애로사항은 많다. 법적으로 금지하고 있으니 아차 잘못하면 동네 창피당하고, 무슨 큰 죄를 지은 양 고개를 못 든다. 사실은 그게 아닌데도 말이다.

기댈 곳이라고는 아내밖에 없는데 마음대로 되지 않는다.

여성들은 남성과는 달리 나이가 들면 몸이 말을 듣지 않아 회피하고, 잘 반기지 않는 경향이 있다고 한다. 특히 몸이 예전 같지 않으니 자기들도 모르게 피하게 된다는 것이다. 이를 나무랄 수도 없지만, 그렇다고 마냥 두고 보고 있을 수만도 없다. 아마도 생리적인 문제로 몸이 말을 듣지 않으니 그러지 않겠느냐 하고 이해를 한다.

70대 중반의 지인이 있다. 이분은 하루 평균 2만 보 이상을 걷고, 1시간 이상 헬스를 한다. 약은 전혀 먹지 않는다. 주력(酒力)은 무한대이다. 술좌석의 남는 술 정리는 그의 몫이다. 우리는 그를 '연구 대상'이라 부른다. 도대체 이해가 안 가는 대단한 체력을 소유하고 있기 때문이다. 그래서 신체를 해부하여 연구해 볼 만한 가치가 있다는 것이다.

그는 흔히 우리가 부르는 '애인'이 있으며, 주기적으로 만난다고 한다. 아직도 왕성한 정력을 유지하고 있으며, 상대를 만족시켜 준다고 자랑한다. 우리는 "나이 들어 집에서 밥이라도 얻어먹으려면 당장 끊어라."고 말하지만, 그게 그렇게 쉬운 게 아닌 모양이다.

이런 남성들은 주변에 종종 있다. 어떤 특출한 장기(長技)가 있는지 아직도 '애인'을 관리하고 있다며 무용담을 자랑한다. 요즘 남자나 여자나 "애인이 없다고 하면 이상하다."고 말한다. 내 주변에는 한 사람도 없는데, 실제로는 많은가 보다. 남자들의 세계에서 애인의 가치는 매우 높으며, 귀중한 존재로 자리하고 있다.

우스갯소리 한번 해보자. 골프 약속을 어기고도 페널티를 안 무는 두 가지 사유가 있다. 본인 사망, 세컨드(애인) 사망의 경우이다. 본부인이 아니다. 이외 예외규정은 없다. 그만큼 애인의 존재는 특별하게 인정(?)받고 있는 셈이다.

부부관계와 성관계의 장점은 앞서 밝힌 것처럼 열거할 수 없을 만큼이나 많다. 거의 만병통치약으로 봐도 틀린 말이 아니다. 나는 전문가가 아니어서 이 정도의 문제 제기만 하고 그친다. 여기까지 주장에 거의 모든 시니어가 동조할 것으로 본다.

다음은 스킨십이다. 이는 부부관계 및 성관계와는 다르다. 손을 잡고, 팔짱을 끼고, 포옹하는 등 그야말로 스킨십이다. 성관계보다 훨씬 간단하고 수월하다. 하지만 스킨십의 장점도 무궁무진하게 많다고 한다.

정신 건강이 좋아지는 것이 최우선이다. 요즘 정신 건강 의원이나 병원에 가보면 환자들이 많이 몰린다. 조그마한 고민이나 불안, 긴장 등은 모두 정신 건강을 위협하는 질환들이다. 이를 해소하는 데 도움을 주는 약이 바로 스킨십이다. 웬만한 질병은 아내의 손길이나 스킨십에서 나을 수 있다고 생각하면 편할 것이다.

 외국인들은 여기에 익숙해져 이상하지 않지만 유독 우리나라에서만 서먹하고 생소한 느낌이 든다. 애정의 표시를 잘못하고, 무뚝뚝한 국민성 때문이기도 하지만, 이제는 세계 10대 경제 대국 반열에 들어선 만큼, 좀 더 익숙해지고 자연스러워질 필요가 있다.
 전문가들의 말을 들어보면, "심신이 괴로울 경우 여러 개의 약을 장기복용 하는 것보다, 아내의 따뜻한 격려, 스킨십, 격려의 메시지 등이 훨씬 치유에 도움이 된다."고 한다. 부부관계도 스트레스 해소와 숙면에 매우 좋다.
 정점에 도달한 후가 되면 고요하고 편안한 느낌이 들어 잠을 잘 잔다. "사랑을 하면 예뻐진다."는 말도 사랑하는 마음을 가지면 얼굴 표정이 밝아진다는 것으로, 문자를 쓴다면 "회춘(回春)"이다.
 '횟수는 얼마나 해야 하는가?'라는 해묵은 질문에도 맞닥뜨리게 된다. 나는 이 질문에 대해 "다다익선(多多益善)이면 좋겠다."고 답하고 싶다. 사람마다 체력과 스타일이 다른 마당에 '몇 회'로 규정지을 수는 없다. 자기 건강과 체력에 맞추면서,

나름대로 상호 협조 노력하여 최대치를 올리면 좋을 것이다.

 부부관계 때에는 옥시토신이라는 호르몬이 분비되어 두통과 신경통이 순간적으로 사라진다고 한다. 혈류 촉진으로 신선한 피와 산소가 공급돼 몸속의 찌꺼기와 노폐물이 제거된다고도 알려져 있다. 장점들은 굳이 열거하지 않아도 될 만큼 정립되어 있다.
 어차피 혼자 하는 일은 아닌 만큼 두 사람의 협력이 매우 중요하다. 억지나 강요는 하지 않는 것보다 못하다. 한 번이라도 서로의 의사에 맞추는 것이 관건이다. 노력하여 성취한다면 일상의 관계도 좋아지고, 노년 생활 자체가 즐거워질 것이다. 대화와 소통이 자동으로 따라와 믿음과 사랑이 싹트리라 본다.
 프랑스나 미국 같은 선진국에서는 "배꼽 아래 일은 신경을 쓰지 않고, 침대 위의 일은 노터치(No Touch)."라고 말하며, 그러한 습관이 일상에 배어 있다. 부부관계는 너무 당연한 것이며, 노년이 되어서도 부끄럽거나 수치스러운 것이 아니다.
 사랑은 아름답고, 나를 밀어주는 보이지 않는 힘이다. 노년에 기댈 언덕은 부부이다. 부부간 사랑은 강한 듯하면서 실제 더 강하고, 약한 듯하지만 매우 강하다. 내 지친 영혼을 어루만져 주고, 거센 비바람에도 서로를 지켜주는 언덕이다. 부부는 하늘이 점지하고, 부부의 사랑은 지고(至高)하다.

  노년의 건강과 행복이 따로 있는 것이 아니다. 자연스러운 부부관계와 스킨십, 마사지는 부부의 당연한 의무이자 권리이며, 누려야 할 행복이다. 함께 해결하면 풀지 못할 문제는 없다. 평생 함께하는 부부이다. 아까운 시간을 놓치지 말고, 열심히 사랑하고 사랑해야 한다.

부부 한방 쓰기, 각방 쓰기

나이 들면서 부부가 각방을 쓰는 경우가 많은가 보다. 신혼 때와 젊을 때는 당연히 한방을 쓰고, 각방을 쓰면 큰일 난 듯이 생각했는데 세월이 흐르면서 서서히 '한방' 고수 방침이 변하는가 싶다. 아무리 남녀가 좋아하고 사랑을 해도 그 시한은 어느 정도 정해져 있다 한다. 사랑의 호르몬이나 도파민은 지속적으로 '펑펑' 쏟아져 나오지 않는다. 18개월 정도 지나면 잘 안 나오거나, '찔끔찔끔' 나온다.

계속 가슴 뛰고 설레지는 않는다. 처음 만나 사랑을 나눌 때는 두 사람 모두 거의 제정신이 아니고, 서로의 눈에 콩깍지가 씐 것이다. 사랑의 호르몬이 쏟아지는 상태가 영원히 지속된다면 얼마나 좋으련만, 그 기간이 대충 정해져 있다 하니, 부부는 사랑보다는 정으로 산다는 말이 맞을 것 같다. 중장년이 되면서 왜 각방을 쓰는 경우가 많아질까? 분석을 해 보니 원인이 이러하다.

남자의 경우 우선 코골이다. 다음으로 각자의 수면 습관, 음주, 출근 시간에 따른 기상 시간 차이, 임신, 아이 우는 것 등이다. 여기에다 대화 단절, 관계 악화, 장기간 부부싸움 등이 더해지면 한방은 돌아올 수 없는 강을 건너게 된다. 젊은 층에서는 각방을 써도 부부관계는 정상적으로 한다 하니, 각기 잠은 따로 자고, 필요할 때만 와서 '볼일'을 보는 것인지 모르겠다. 비즈니스도 아니고.

나는 강력한 한방 주의자인데 요즘은 어느새 상황이 달라져 버렸다. 코골이가 심해 아내가 잠을 자다가 베개를 둘러메고 옆방으로 가버리는 것이다. 그것도 모르고 '드르렁' 코만 골고 자다가 잠을 깨고는, '사라진 백성'을 찾는다고 이 방 저 방 기웃거린다. 잠꼬대를 하거나 고함을 지르기도 해 아내가 못 견디고 도망쳐 버리기도 한다.

나의 결정적인 흠결이니 가는 사람을 잡지도 못하고 놔둘 수밖에 없다. 그런데 혼자 몇 개월 지나다 보니 이게 한방보다 더 편하니 웬일인가? 사지(四肢)를 내 마음대로 쭉 뻗고 활개를 치며 자니 둘이 자는 것보다 훨씬 편하다. 이제는 둘이 함께 자면 불편함마저 느낀다. 코골이가 치유되고, 한방으로 돌아가라고 해도 한번 생각해 봐야 할 문제가 될 만큼 한방주의가 흔들리고 있다.

아내의 지인들도 각방을 쓰는 경우가 많다 한다. "다른 건 몰라도 잠만은 좀 편히 자자."고 목소리를 높인단다. 나이 들수록 여성은 남성보다 한방 쓰기는 물론, 성관계도 피하는 경우가 많으니, 남성과 멀어지려는 이상한 심리가 있는 것이 아닌지 모를 일이다.

확실히 남자와는 체질이 좀 다른 모양이다. 그런데 코골이는 남성만 있는 것이 아니란다. 지인은 '마눌'이 코를 골아 자신이 도망가는 케이스다. 귀책 사유가 마눌에게 있으니 자신이 안방을 차지하고, 마눌은 마루에서 잔다.

여성이 남성보다 한방 쓰기를 싫다 해도 주말부부라면 얘기가 달라질 것 같다. 5~6일 못 보다가 주말 휴일에 만나면 당연히 한방을 써야 한다. 만약 부부 누구라도 각방을 주장한다면 이건 정말 문제이고, 원인 규명을 해야만 한다. 아마도 주말부부가 각방을 주장하지는 않을 것 같고, 견우직녀의 만남이 될 것으로 보인다.

내가 한방 쓰기를 고집했던 가장 큰 이유는 예기치 못하는 불상사 때문이다. 요즘에 갑자기 '가는 사람'들의 얘기를 들어보면 혼자 자다가 조용히 세상을 하직하는 경우가 종종 있다. 그때 누군가가 옆에 있었다면 방지할 수 있었을 것이다.

그래서 잠은 반드시 부부가 함께 자야 하고, 특히 나이 들고 지병이 있는 사람일수록 반드시 함께 자야 한다고 줄곧 주장을 해왔다. 실제 나는 결혼 40년 동안 한 번도 각방을 써 본 적이 없었다. 친구들이 각방을 쓴다고 했을 때 "왜 그럴까?" 하고 반대 논리를 폈었다.

실제 한방 쓰기를 하게 되면 좋기도 하다. 자다가 나도 모르게 아내의 가슴에 손을 얹기도 하고, 다리를 걸치기도 하며, 안기도 한다. 부드럽고 촉감이 좋다. 편안하고 포근한 고향 같은 느낌이다. 이러한 느낌을 느껴보지 못한 남성은 아무도 없을 것이다. 나이가 들고 몸은 쇠퇴해도 변하지 않는다. 황진이는 동짓달 긴긴밤에 자신의 몸과 체온으로 이불과 자리를 덥혀 임이 오실 때 따뜻하게 맞이한다고 했다.

그런데 이 방침이 최근 들어 이런저런 사유로 흔들리는 것이다. 사실 각방 쓰기가 이혼 사유도 된다고 한단다. 단지 각방 쓰기 만으로 이혼의 사유는 안 되겠지만, 각방 쓰기로 인해 혼인 관계 유지에 심각한 문제가 발생하고, 명백하게 입증이 되는데도 개선이 안 된다면 성립 가능하다는 것이다. 그러나 지금껏 각방 쓰기 문제로 법원에 갔다는 소리는 잘 들어 보지 못했으니 걱정할 일은 아닌 것 같다.

 부부는 혼인이라는 엄숙한 과정을 통해 태어난다. 서로가 생사고락을 함께하며, 영원히 사랑하여, 행복한 삶을 누리자는 두 사람의 약속이다. 물론 그 약속이 각방으로 깨지지는 않겠지만 부부가 함께 자는 모습은 좋아 보인다.
 옛말에도 부부는 아무리 싸워도 한 이불을 덮고 살을 맞대고 자야 틈이 생기지 않는다고 했다. 영화에 나오는 외국 부부들을 보면 한 침대에 나란히 누워 얘기하면서 잠든다. 옷도 많이 걸치지 않아 거의 나신(裸身)이다. 아니면 한방에서 2개의 침대를 사용한다. 두 모습 다 각방은 아니고 한방이다.

 〈밤에 우리 영혼은(Our Souls at Night)〉(2017) 이라는 영화는 각자 남편과 아내를 여의고 한동네에서 혼자 살아가는 노년의 이야기이다. 어느 날 여성이 남성의 집으로 찾아와 "우리 집으로 한 번씩 와 함께 자자."고 말한다. 그러면서 "섹스는 흥미를 잃은 지 오래니, 그쪽은 아니다."라고 말한다.
 외로우니 잘 때까지 얘기하면서 외로움을 달래자는 취지이다. 두 사람은 그렇게 하여 친하게 지내며 친구가 되고, 때론 '즉석 부부'가 되기도 한다. 남의 일 같지가 않고, 영화 속 주인공이 나인 듯했다. 노년층이 충분히 공감할 수 있는 영화라는 생각이 들었다.

영화에서처럼 부부가 아닌 사람도 한방에서 한 침대에 누워 자는 마당에 정상적인 부부가 함께 자지 못할 이유가 없다. 부득이한 사정으로 각방을 쓰는 경우가 있겠지만 부부는 한방에서 잠을 자야 서로에게 도움이 될 것 같다. 특히 갑자기 '가는' 불상사를 예방하려면 부부 한방 쓰기는 필수라 하겠다.

나이가 들수록 상황이 다소 힘들어지더라도 한방 쓰기를 위해 부부가 서로 협조를 해야 한다. 한방이 수면의 질과 만족도에 있어 각방보다 좋다고 나온다. 부부는 백년해로해야 하거늘 어느 한쪽이 먼저 간다면 생활이 참담해진다. 사람이 태어나 가장 큰 스트레스를 받을 때가 부부 중 한 사람이 먼저 갈 때라고 한다.

그러니 한방이니 각방이니 하지 말고, 부부가 서로 곁에 있는 것을 다행으로 생각해야 한다. 한방, 각방을 두고 티격태격하는 것은 혼자 외롭게 남아 있는 '솔로'의 입장에서는 사치로 보이기도 할 것이다. 살아 있을 때 한방을 많이 쓰자. 가자! 아내의 방으로. 가자! 남편의 방으로.

발기부전 치료제 복용을
아내에게 숨기지 말라

　발기부전 치료제는 남성들에게는 익숙하다. 처음에는 협심증 치료제로 개발되었으나 발기부전 해소에 탁월한 효과가 있어 이제는 발기부전 치료제로 널리 사용되고 있다. 추측건대 수많은 남성이 이 약을 복용하고 있다. 외국에서는 '신의 약'으로 불리며, 만약 이 약이 개발되지 않았다면 수백만 남성들의 노년 성생활이 얼마나 처량하게 되었을까? 하며 다행스럽게 여긴다고 한다.
　오래전 통계로는 발기부전 치료제를 복용한 적이 있는 사람이 전 세계에서 1억만 명에 달한다고 했다. 매년 폭발적으로 늘어날 것이다. 헤아리기 어려울 만큼의 많은 남성이 발기부전으로 고생하고 있으며, 약물로 치료하고 있다. 우리나라에서도 이미 대중화되어 가격이 그렇게 비싸지 않다. 병의원 비뇨기과에서 처방만 받으면 누구나가 어렵지 않게 구할 수 있다.

 이 치료제는 성분은 비슷해도 이름은 여러 가지이다. 특정 제품의 이름 거명은 자칫 선전한다는 지적을 받을 수 있어 그냥 '치료제'라 부르겠다. 약의 선전이 전혀 아니고, 다만 대부분의 시니어가 겪는 문제이기 때문에 이야기하는 것이다. '이런 소재를 일반 책에 써도 될까?' 하고, 고민도 했었다. 그러나 모두가 겪는 문제이기 때문에 조금이라도 도움을 준다는 차원에서 다루기로 마음먹었다.
 나이가 들어 인체가 노쇠하면 성기능이 떨어지고 발기부전으로 이어진다. 그러나 성기능 저하는 극히 자연스러운 현상이며, 부끄러운 일도 아니다. 치료할 수 있는 의학적 방법도 다양하게 개발되고 있는 것으로 알고 있다.
 나는 의사가 아니지만 가장 손쉬운 게 '치료제'의 복용이 아닐까 싶다. 필요한 경우 복용을 하면 아쉬운 문제가 무난하게 해결된다. 부작용도 있을 것이다. 여러 제약회사에서 나오는 약 중 어느 것을 선택하느냐 하는 문제는 의사와 상의하여 자기에게 맞는 곳의 제품을 고르면 되겠다.

대부분의 시니어 남성들이 고민하는 이 문제는 부부가 협력하여 해결해 나가야 한다. 남성은 심리적으로 약의 복용을 감추려 한다. 체면 때문이다. 세상의 남자들은 스스로 힘이 세 보이는 걸 좋아하고, 성기능이 떨어지는 것을 숨기려 한다. 우리가 어린 시절 "누가 멀리 오줌을 보내느냐?" 하는 '오줌발' 경쟁도 이 같은 차원에서 이해하면 될 것 같다.

남자들은 "정력이 좋다."는 말에 잘 현혹된다. "정력에 좋다." 하면 다 먹어대는 게 남자들이다. 옛날부터 해구신(물개의 성기)이나 뱀, 사슴 등이 정력에 좋은 식품으로 알려져 있다. 굴이나 조개도 정력식품 리스트에 올라가 있다. 하지만 과학적 근거는 없는 것으로 알려져 있다. 차라리 검증된 토마토 한 개가 나을 듯하다. 이런 현상은 정력제에 민감하게 반응을 보이는 남성의 심리를 말해주고 있다.

나이가 60대 중반을 넘어 70에 다다르면 확실히 성기능이 저하된다. 발기부전도 나타난다. 자연적으로 아내와 멀어지고, 관계 자체를 피하려 한다. 치료제의 복용도 이러한 이유에서이다. 그러나 아내가 모르는 것이 아니다. 아무리 복용을 감추려 해도 아내는 거의 감각적으로 안다. 알면서도 남편의 체면을 살려주기 위해 말을 안 할 뿐이다.

60대 중반 나이에 아내에게 못 할 말이 없고, 속 시원히 털어놓고 해결 방안을 부부가 함께 모색해 나가는 것이 가장 원만한 방법이라고 생각한다. 솔직히 말해 '감춰둔 애인'이 있다 해도 이런 말은 못 한다. 정력이 떨어지는 애인을 좋아하는 여성은 없다. '애인'을 관리하려면 정력과 재력을 겸비해야 하지 않겠는가? 정력 저하 문제는 조강지처(糟糠之妻)가 아니고서는 누구도 해결해 줄 수 없다.

남성들은 성기능 저하를 부끄러워하지 말고 아내와 의논하라. 아내 또한 힘 있는 남편을 좋아한다. 기꺼이 도와주리라 본다. 부부간 성관계뿐 아니라 스킨십과 마사지도 좋다고 한다. 나는 지인 약사로부터 조언을 들었다. "허리나 무릎, 특히 파킨슨병에는 아내의 마사지가 가장 좋다." 아내의 손길이 어떤 처방보다도 효과가 있다는 말이다.

파킨슨병은 나이 든 사람에게서 많이 발생하며, 팔다리가 천천히 움직이고 떨리는 뇌 질환이다. 약 못지않게 운동이 중요하고, 특히 아내의 스킨십, 마사지가 경직됐던 몸을 풀어준다. 몸과 마음이 편해지면 부족한 도파민도 더 나올 수 있을 것이다.

흔히들 몸이 찌뿌둥할 때는 경락(經絡)을 받는다. 이는 인체 내의 경맥과 낙맥을 말하는 것으로, 침이나 손으로 주물러 전신의 기혈을 통하게 하는 방법이다. 마사지도 경락과 비슷한 효과를 낼 수 있을 것이다. 아내가 어깨를 주물러 주면 얼마나 시원한가는 경험을 통해 알고 있을 것이다. 나이 들어 아내와 가까이하여 손해 볼 것은 하나도 없다.

상황이 이러하니 작은 질병이라도 부부가 함께 해결하는 것이 가장 좋다. '치료제'도 감춰서는 안 되고, 고백하고 상호협조를 해야 한다. 물론 부부간에 사이가 좋지 않으면 할 수 없는 일이기도 하다. 그러나 남자로서는 치명적인 성기능 저하를 막을 수 있는데도 이를 마다한다면 너무 억울하다. 욕심에는 권력, 재력, 정력 등 세 가지가 있으며, 가장 본능적인 욕심은 정력(성력)이 아닐까 한다.

옛날에는 나이 많아 정력이 떨어지면 손녀뻘도 안 되는 어린 동기(童妓)를 안고 잔다는 말이 전해 내려오고 있다. 젊음의 기(氣)와 에너지를 받기 위함이다. 젊은이들과 어울리면 함께 젊어지지 않겠는가? 남녀관계는 그런 것이다. 남편을 슬기롭게 치유할 사람은 아내이다.

남자들은 사석에서 모이면 허물없이 이 약을 이야기한다. 종류도 다양해서 각자 자신이 복용하는 약을 소개한다. 처음 의사에게 말할 때는 좀 민망스럽지만 이는 환자 혼자 생각이다. 대부분 친절하게 처방을 해준다. 약은 필요할 때 먹는다. 매일 복용하는 초정력의 시니어는 찾기 어렵다. 혼자 고민하지 말고 의사와 상담을 한다면 좋은 결과가 있을 것이다.

젊어 체력이 왕성할 땐 이런 약의 필요성을 전혀 느끼지 못했다. 그러나 흐르는 세월을 어찌하랴? 정력뿐만 아니라 온몸의 에너지도 점차 빠져나가는 것이 노년기이다. 나이가 부부관계를 막을 수는 없고, 부부간의 노력 여하에 따라 생활이 달라질 수 있다. 한 번의 부부관계라 할지라도 서로가 만족하는 결과를 가져와야 한다. 성(性)의 예찬이 아니라 인간이 살아가는 모습과 본능이 그렇다는 것을 말해주기 위함이다.

부부는 평생 함께하는 친구이다. 친구끼리 의논하여 약도 먹고, 스킨십도 하고, 마사지와 경락도 하면 반드시 의미 있는 결과를 가져올 것이다. 남자는 자신의 정력 문제가 나아진다면, 수고를 하더라도 방법을 찾으려 할 것이다. 그 쉬운 방법이 약과 아내에게 있다는 사실을 잊지 말았으면 한다.

시니어 성(性)의 문제,
남의 일이 아니다

옛날 어느 마을에 효자 부부가 있었다. 홀로 계신 아버지를 지성으로 모셔 칭찬이 자자했다. 근동(近洞)에 소문이 다 났다. 고을 원님이 "기특하구나, 그래, 아버님 재취(再娶)는 해드렸느냐?"라고 물었다. 부부가 "못 해드렸다."고 답하니, 원님은 "그것이 제일 으뜸가는 효도인데." 하며 아쉬워했다 한다. 재취란 새 장가 드는 것을 말한다.

나이 든 노인은 외롭다. 흔히들 노인이라고 하면 외로움, 소외, 빈곤, 고독, 무기력과 같은 부정적 용어들을 연상할지 모르겠다. 노인 당사자는 그럴 마음이 없는데, 주변에서 보는 시선은 그렇다는 것이다. 부정적 이미지가 강하다. 오래 사는 삶을 갈망하면서도 늙음은 배척하는 이중적인 모습을 보이는 것이 인간이다.

특히 성의 문제는 여전히 강한 욕구를 갖고, 왕성한 정력을 유지하고 있는데도 수치스러운 일로 비치고 있다. 그러나 이는 지금 젊었다고 해서 남의 일로 치부할 것이 아닌, 나의 일로 생각하여 풀어야 한다. 남녀노소 모두에게 해당된다. 65세 이상 노인 인구가 1,000만 명에 도달해 전 국민의 20%를 차지하는 마당에 더 이상 소홀히 할 수 없는 중요한 국가 과제가 이미 되어 있다. 당장에 불이 떨어진 시급한 문제이다.

노인의 성 문제를 더욱 악화시키고 있는 일차적 이유는 사회적 편견이다. 설명이 필요 없이 한 가지 사례로 그 심각한 상황을 정리할 수 있다. 젊은 남녀들이 서로 그리워하면 '사랑'이고, '로맨스'이고, 노인들이 하면 '주책'이고, '노욕'이고, 심지어는 '노망' 소리까지 듣는다.

이러한 편견이 해소되지 않는 한 해결은 요원하다. 100세 시대를 맞이하여 오래 산다고 좋아하겠지만, 성의 문제는 예나 지금이나 60세가 넘어가면 곤란해지고, 70세가 되면 차단되는 상황이다. 그러니 수명만 늘어나도 그에 따른 즐거움은 늘어나지 않으므로, 오히려 수명 연장이 고통의 연장이 될 수 있다는 점을 간과해서는 안 된다.

당장에 부부간에 균열이 생겨 문제가 발생한다. 합방(合房)을 피하는 아내, 쫓아가는 남편, 숨바꼭질은 시작되는 것이다. 급기야 아내는 남편을 피해 자식들 집을 전전한다. 일일이 따라다닐 수도 없고, 따라가 봤자 별로 환영을 못 받고, 홀로된 남편은 죽을 맛이다.

요즘의 시니어는 정신과 육체도, 생각과 행동도 건강하고 왕성하다. 성장호르몬과 같은 주사를 맞기도 하며, 주름살을 제거하는 회춘 성형수술도 받는다. 젊은 사람 못지않게 멋도 내고, 경제적 여유도 충분하다. 체력도, 지식도 풍부하여 새로운 '노인 문화'를 창출, 소비 트렌드까지 바꾸고 있다. 60대의 절반은 부부관계를 하고 있고, 70~80대는 30%, 심지어 90대도 심각한 질병만 없으면 가능하다는 연구보고서가 있다.

물론 남녀 모두 나이가 들면 노화되어 간다. 남성은 발기나 사정이 늦어지고, 여성은 질 내 윤활 기능이 떨어지거나 절정에 도달하는 시간이 길어지거나, 안 될 수도 있다. 그렇다고 피해 갈 수만은 없는 게 바로 이 문제이다. 서로 협조하여 해결해 나가야 한다.

해결되지 않는다면 남성은 60대부터 영원한 목석(木石)으로 살아야 하며, 사회적으로 강제된 금욕(禁慾)에 스스로 족쇄를 채워야 하는 국면에 도달하게 된다. 현실과는 전혀 다른 방향으로 흘러가 버리고 만다. 극단적으로 표현을 한다면 "나이 들어 눈을 감을 때까지 아무 일도 하지 않고 초연히 살거나, 조용히 죽기를 강요받는 것"으로 볼 수 있다.

서양 격언에 "흰 눈이 지붕을 덮었다고 집안의 벽난로가 타지 않는 것은 아니다."라는 말이 있다. 나이가 들었다고 해서 성적인 활동을 중단하지 않는다는 말이다. 흰머리와 주름살과 비례하여 성적 욕망이 쇠진하는 것은 결코 아니라는 의미이다.

우리나라 속담에도 "늦바람이 용마름을 벗긴다."는 말이 있듯이, 노년이라고 해서 성의 활동에 예외가 있을 수 없다. 용마름이란 초가의 지붕 마루에 덮는 'ㅅ' 자형으로 엮은 이엉을 말한다. 노년의 성적 욕구가 용마름이 날아갈 정도로 세다는 말이다.

성관계의 이점은 필자가 앞의 글에 언급한 바 있어 생략한다. 그러나 무수히 많은 이점이 있다는 것은 이미 의학적으로 보고되고 있다. 단적으로 드러나는 한 가지 예시를 해보자. 장수 노인을 분석하면, 대부분 부부이고, 독신 노인은 한 사람도 없다고 한다. 그러니 부부는 함께 해로(偕老)해야 하고, "노년기 성생활이 수명을 단축하고 건강을 해친다."는 속설은 전혀 근거가 없는 말인 것이다.

성관계를 두고 "Use it or lost it(사용하라, 그렇지 않으면 잃는다)."라 한다. 주기적으로 해야 하고, 그렇지 않으면 안 된다는 것이다. 우리가 생물 시간에 배웠던 용불용설(用不用說) 이론이다. 자주 사용하면 발달하고, 그러지 못하면 퇴화한다. 부부관계도 그렇다. 멀리하면 멀리할수록 다시 하기 어렵고, 결국에는 못 하게 된다. 반면 규칙적으로 한다면 좋아진다.

노인의 성 문제에 대해 모두가 관심을 가져야 한다. 무시하거나 회피하거나, 피해서만 될 문제가 아니다. 성의 문제는 가장 원초적이고 인간적이다. 이를 외면해서는 자연의 섭리를 외면하는 것이며, 음양의 조화를 깨트리는 것이다.

우주 만물은 모름지기 음(陰)과 양(陽), 오행, 즉 금(金), 수(水), 목(木), 화(火), 토(土)로 이뤄진다. 이를 외면하면 우주 만물의 계시와 삼라만상(森羅萬象)의 섭리를 무시하는 것이다. 이런 원리를 예로 들지 않더라도 인간 생활의 원초적 기본이 되는 게 남과 여의 관계, 부부관계이다.

피카소는 46세에 17세 소녀와 혼인했고, 40세 연하의 여인과 10년간 생활했다고 한다. 80세에 34세 여인과 지내다 생을 마감했다. 헤밍웨이도 63세에 스스로 생을 마감할 때까지 4명의 여인과 함께했다.

이외에도 나이와 무관하게 남녀관계를 이룬 사례는 수없이 많다. 영조는 66세에 새장가를 갔는데, 신부(정순왕후)는 불과 15세였다. 임금이라는 특수상황이 있었지만, 남녀의 관계란 알 수 없다.

　부부가 규칙적이고 정기적인 부부관계를 가지면 그러지 않는 부부보다 훨씬 더 오래 산다는 것은 이미 의학계도 인정하고 있다. "불로장생은 이불 속에서 나온다."라는 말도 있다. 이불 아래에서 부부가 정을 나누고, 사이가 좋으면 장수한다는 논리이다. 우리는 어정쩡한 이유로 관계 불능의 섹스리스(Sexless)가 되어서는 안 된다.

　이 시대를 사는 남성들은 노소를 막론하고, 남녀관계에서 누구도 성(性)의 문제에서 예외일 수 없다. 수차 강조했지만 노년 세대는 이 문제로 많은 고민을 하고, 해결책을 찾지 못해 길거리를 헤매고 있다. 누구도 도와주지 않는다. 꼭 한 사람, 아내이다. 아내가 남편을 도와주어야 한다. 국가 정책에 우선하여 가장 먼저 아내가 적극적으로 나서 문제를 해결해야만 한다. 국가도 중요한 과제로 채택하여 해결해 나가야 한다.

영화 〈죽여주는 여자〉가
말하는 것들

나는 서울 '어떤 공원' 앞이라는 곳에 가본 적이 없다. 그냥 소문으로 듣거나 보도를 통해 알고 있는 정도이다. 이곳에서는 '아줌마'가 있다 한다. 나이 든 여성이 나이 든 남성을 상대로 성매매를 한다는 것이다. 서로가 필요로 해서 쉽게 '거래'가 이뤄진다. 내 눈으로 본 적은 없다. 간접적으로 들었을 뿐이다. 지금도 그런지는 확인되지 않는다.

독립영화인 〈죽여주는 여자〉(감독 이재용)가 이를 소재로 했다. 영화는 맑고 파란 하늘과 약간의 녹음을 보여주면서 시작된다. 여성이 도로변 의원으로 올라가 진료를 받으며, "임질이죠?"라고 묻는다. 도심의 주변 거리에는 나이 지긋한 남성들이 할 일 없이 서성이고 있다. 또한 60대는 족히 되어 보이는 듯한 여성들이 드문드문 늘어서서, 남성들을 상대로 '손님'을 찾고 있다.

영화에서는 "나랑 연애하실래요? 잘해드릴게요."라거나 "음료수 한 병 드실래요?"라고 말을 건네는 것이 그들의 인사 방식이다. 여성이 이렇게 물을 때 상대가 응하거나, 별말이 없으면 동의한 것으로 보고, 곧바로 함께 인근 여관으로 들어간다. '음료수'라는 말 대신에 특정 회사의 드링크류 상품명이 언급되는데, 책에서는 거론하지 않는 게 옳을 듯하다.

거리에는 이런 여성들이 여럿 보인다. 손님을 찾을 때까지 서성댄다. 그중에서도 소영(윤여정 분)이라는 여성이 '기술'이 뛰어난 것으로 소문이 나 인기가 높다. 소영에게는 "당신이 그 죽여준다는…" 말을 어눌하게 건네면서 남성이 접근한다. 소영이 '잘 팔리니' 다른 여성들로부터 시샘을 받기도 한다. 그러나 영화는 그런 성 거래의 전반적인 모습들이 별 감정이 없이 차분하게 전개된다. 시끄럽고 복잡한 모습은 잘 안 보인다.

영화에서 소영은 남성을 죽여주는 역할도 한다. 옛날 자신에게 잘해주었던 단골(박규채 분)이 중병에 걸려 입원해 있다는 소식을 듣고 찾아간다. 대소변도 가리지 못하는 처지로 생의 의욕을 잃고, '죽여달라'고 간청하자, 고민 끝에 그녀는 농약을 먹여 숨지게 한다.

다른 노인 한 사람도 절벽에서 뒤를 밀어 떨어지게 하여 사망케 했고, 오랜 단골(전무송 분)도 다량의 수면제 복용을 방치하여 숨지게 하는 결과를 낳았다. 이 단골은 "저세상으로 가는데 혼자 갈 수 없으니, 당신(소영)이 잠시라도 함께해 달라."며 소영에게는 한 알을 먹게 하고, 자신은 다량의 약을 삼켰던 것이다. 소영이 잠에서 깨어나니 남자는 죽어 있었다.

소영은 자신이 실제 의도한 살인을 하지 않았으나 구속되어 교도소에서 생을 마감한다. 영화를 다 보고 나니 영화의 제목을 왜 〈죽여주는 여자〉로 했는지 이해가 갔다. 노년의 성(性) 문제와 늙고 병들어 고통에 시달리고 있는 노인들의 고달픈 삶의 모습 등 두 가지를 다루었다는 평가를 하고 싶다.

제목만으로는 '그렇고 그런 영화'로 생각했는데, 보고 나니 평가가 달라졌다. 주요 출연진들도 국내 톱 랭크의 배우들이어서 영화의 무게를 더 했다. 이 영화는 제66회 베를린 국제영화제 파노라마 부문 초청작이라고 한다.

매춘(賣春, Prostitution)은 과연 무엇인가? 매춘은 인류가 탄생했을 때부터 존재했을 것으로 짐작할 수 있다. 인류의 역사가 유구하지만 매춘은 그 역사의 시작과 함께 동서고금을 막론하고 존재해 왔으며, 사회적 논란에 빠지기도 한 것은 부정할 수 없다. 인간이 살아가는 과정에서 빼놓을 수 없는 문제이고, 세계 어디에서도 어렵지 않게 만날 수 있다. 잘살고, 못살고의 문제가 아니다.

오래전 직장 업무로 프랑스 파리에 갔을 때 그곳에서도 매춘 여성을 볼 수 있었다. 차를 타고 지나가는데 도로변에 늘씬한 여성들이 서서 손짓을 했다. 추운 날씨에도 안에는 속옷이고, 겉옷은 긴 코트 하나였다. 한 번씩 긴 코트를 올려 속살을 보여주기도 했다. 난생처음 보는 장면이었다. 그때 "아, 섹스를 빼고 인간 세계를 말할 수 없다."라는 생각이 들었다.

우리 시니어도 옛 경험이 있었다는 것을 숨기지 않는다. 오래전 군대 제대를 한 지 얼마 안 돼 예비군 훈련을 받을 때이다. 예비군 훈련소 철조망 건너편에 '담요 부대'가 있다 했다. 짐작건대, 예비역 아저씨들이 휴식시간에 담요 부대 아줌마와 잠시의 관계를 하는 것으로 알고 있다. 그냥 그러려니 했다.

대학 시절 서울에서 하숙을 했다. 방학 때면 고향에 있는 고교 동기생 친구가 서울로 올라왔다. 모두 모이면 3명이다. 우리는 친구의 서울방문 기념으로 만나자마자 청량리로 달려갔다. 그곳은 직업여성들이 영업을 하는 곳이다.

우리는 그곳에서 '입경(入京) 신고'를 했다. 꼬깃꼬깃 접은 돈을 모아 계산을 치르고, 입실을 했다. 공대생인 친구와 내가 금방 나오고, 지방에서 올라온 친구는 가장 늦게 나왔다.

우리는 "야, 힘이 세구나." 하고 놀리면서 부러워했다. 그 시절 우리들의 인사였고, 나름 낭만이었다. 벌써 50년 전의 일이다. 지금 청량리는 그때의 모습은 찾아볼 수 없고, 고층빌딩이 줄줄이 들어서 있다.

이런 곳은 서울뿐만 아니라 부산도 대구도, 마산에도 있었다. 우리는 호기(豪氣)를 부려 지역별로 순례를 하기도 했다. 그곳에 들어가면 어린 여성이 맞았으며, 아늑하고 스산하면서도 정(情)이 있었다. 포근한 느낌을 주었고, 편안하게 잠들었다.

하룻밤을 지나고 다음 날 아침에 일어나면 넥타이를 다려 놓고 옷도 가지런히 정리해 둔 것을 볼 수 있었다. 작은 정성에 감동받아 "다시 만나자."는 애프터 신청을 하기도 했으나, 순진한 20대 대학생의 풋사랑에 불과했다. 상대는 웃으며 철없는 아이 취급을 했다. 성사된 적은 한 번도 없다. 군 복무 시에는 김포에서 휴가를 받아 나오면 용산이었다. 그곳에서 청량리처럼 '신고'를 하고, 기차를 타고 집으로 내려왔다. 그땐 그렇게 하는 것이 일련의 '코스'였다. 휴가 후 부대로 복귀해서는 반드시 고참에게 보고해야만 했다.

그러나 요즘은 옛날의 로망이 다 사라져 버렸다. 성 문제를 로망이라고 말하다가는 맞아 죽을 일인데도, 하여간 그때는 그랬다. 그러나 이제는 '성매매 처벌법'과 '성매매 피해자 보호법'으로 처벌되고 있다.

그 어떤 누구도 성(性)을 돈으로 살 수 없도록 법률로 명문화되었다. 위반하면 처벌은 물론이고 사회적 망신을 당하고야 만다. 상황이 이리되고 보니 된통 당하는 쪽이 나이 든 고령자들이다. 고령자들은 젊은이들처럼 '애인'을 사귀기도 어렵고, 연애도 할 수 없고, 아내는 마음이 없고, 아무런 방법이 없는 것이다.

나는 성의 문제는 단속 일방이어서는 안 된다고 본다. 강력한 단속을 한다면 출구를 마련하는 게 일의 순서일 것 같다. 물이 새는 것을 방지하기 위해, 수로(水路)를 내지 않고 둑만 막아버리면 세차게 흐르는 물은 넘치게 된다. 부작용이 발생하는 것이다. 보완책이 필요하겠다. 법적으로도 성매매는 성 구매자와 성 판매자와의 금전적 거래라는 합의가 없으면 성립 자체가 되지 않는다는 주장도 있다. 또한 성매매는 돈을 벌려는 여성의 쉽고도 자발적인, 비윤리적인 선택이기도 한 것이다. 법과 현실의 괴리(乖離)가 있는 것이다.

아무리 단속해도 법망을 교묘히 피해 독버섯처럼 은밀한 곳에서 다시금 횡행한다. 성의 매매로 어린 여성들이 학대 착취당하는 어두운 세계의 문제를 모르는 바가 아니다. 성매매와 피해 등 여러 문제를 고민하여 보완책을 마련했으면 한다. 우리나라는 세계에서 가장 빠른 속도로 초고령사회로 진입하는 나라이다. 그런 사회일수록 대안이 필요하다.

신혼 초야를 추억하면
오늘의 삶이 바뀐다

    기혼자라면 누구나 가슴 설레던 신혼 첫날밤의 추억이 있을 것이다. 오랜 연애로 결혼에 골인한 커플이라면 좀 나을 것이고, 번갯불에 콩 구워 먹듯 초고속으로 결혼을 한 커플은 상당히 어색하지도 않았겠나 싶다. 초야는 아름다운 밤이다. 그러나 이제 막 결혼을 한 왕초보 신랑 신부에게는 영화 장면 같은 멋있고 달콤한 초야를 기대하기는 이르다. 모든 것이 서투르다.
    초야를 보내는 마당에 갑자기 배가 아파 약국행을 하고, 가슴이 뛰어 진정제를 먹는 등 허둥대고, 서로 눈치 보다 아무 일도 못 하고, 하룻밤을 보내고 말았다. 남녀관계란 특별한 교육을 받지 않아도, 본능적으로 움직이는 줄 알았는데, 그것마저 서툴러 대사(大事)를 그르쳤다. 이제는 눈 감아도 될 일을, 그때는 두 눈을 뜨고도 장님처럼 헤매었으니 알다가도 모를 일이다. 나이만 먹었지 세상 물정이라고는 전혀 몰랐던 왕초보 신혼부부이다. 그 시절의 신혼들은 다 그러했으리라.

 결혼한 지 40~50년 되는 시니어들은 그 옛날 젊은 신혼부부 때의 가슴 떨리던 추억을 한 번쯤 상기시켜 봤으면 좋겠다. 아름다운 추억은 오늘의 삶을 감미롭게 바꿔놓을 것이다. 그러나 너무 오래돼 기억이 가물가물하다. 앨범 속에 있는 옛 사진을 펴놓아야 기억이 조금씩 되살아난다.
 그땐 모든 게 촌스러웠다. 태어나 처음으로 비행기를 탄 사람도 있고, 타봤자 겨우 두세 번이 전부인 사람도 많았다. 비행기 탑승권도 지금처럼 스마트폰이 아닌 종이였다. 주민등록증이 없으면 탑승이 거부되었다.
 그렇게 준비를 했건만 주민등록증을 놓치고 말았다. 신부가 집에서 갖고 오지 않은 것이다. 자동차 회사에 다니던 친구의 봉고차에 친구들이 함께 타고 공항으로 갔던 데다, 시간도 촉박해 차를 돌릴 수가 없었다.

 내가 용기를 내 공항에 있는 보안분실로 찾아가 전후 설명을 하고 협조를 구했다. 다행히 왕복 편의까지 봐주었다. 그 。

래서 겨우 비행기를 탈 수 있었다. 긴장했던지 등에 땀이 났다. 그렇게 해서 제주공항에 도착했고, 제주에서 가장 좋다는 호텔에 여장을 풀게 되었다. 신혼여행의 시작이었다.

다음 날부터 함께 버스를 탄 '결혼 동기생'들은 서로 사진도 찍어주곤 하면서 잠시 얼굴을 익혔건만, 이제는 어디서 무엇을 하는지 알 길이 없다. 이름도 성도 모르는, 단지 한날에 결혼한 신혼부부라는 것만 알 뿐이었다. 그들도 70대의 나이가 되어 백발이 성성하고, 대부분이 할아버지 할머니가 되었을 것이다.

제주는 아름다웠다. 지금 기억에 남는 것은 성산 일출봉뿐이다. 어떤 폭포도 떠오르는데 이름은 생각나지 않는다. 어쩐지 그때를 회상하니 아름다운 추억보다, 세월의 무심한 흐름에 눈물이 나려 한다. 우리 인생이 서서히 지는 낙조처럼 또 다른 세상으로 지는 듯하다.

그때의 커플들은 결혼 후 부모 봉양하고 자식 키우며 살았을 것이다. 주변을 둘러볼 여유도 없이, 하루하루의 생활 전선에서 바쁘게 움직였을 것이다. 겨우 안정을 찾고 보니, 어느덧 나이가 들어버렸다.

부부끼리도 서로 조심하고 어려워하던 때는 지나가 버렸는가 싶다. 매일 볼수록 더 아껴주어야 하는데, 너무 편해 만만하게 되었지 않았나 하는 생각이 든다. 아무리 만만해도, 특히 아내는 여성으로서의 신비함을 보관하고 있어야 한다. 물론 오랜 세월 함께 부대끼다 보니 "새삼스럽게 웬 신비?" 하고 되묻겠지만, 세월의 흐름을 대변하여, 그냥 한번 해보는 말이다. 연애 시절의 가슴 두근거림과 설렘은 다소 반감되고, 친근감이 배가된 듯한 느낌이 든다.

아직도 아내를 보면 가슴이 설레고 뛰는 남편은 많지 않을 것이다. 그러한 현상이 남아 있다면 이 시대의 상남자이자, 낭만 로맨스맨이다. 최고의 시니어이다. 우린 모름지기 이러한 멋진 시니어가 될 필요가 있다. 열심히 닮아가려고 노력해야 한다.

나이 들면 기댈 데라곤 아내와 남편뿐이다. 그날 함께 결혼하여 어디론가 뿔뿔이 헤어진 결혼 동기생들도 이미 이러한 생각에 젖어 있을지 모른다. 가슴 설레던 아름다운 신혼초야의 추억을 지금에 소환하는 것은 또한 아름답고, 감미로운 것이 아닌가? 당연히 오늘의 삶에 접목시켜 새롭게 태어나야 한다.

그렇게 한다면 지금의 생활 태도가 달라질 것이다. 옛 추억을 거슬러 올라가다 보면 연애 시절 심장이 뛰던 그 시간은 물론이요, 첫 키스의 추억도 함께 떠오를 것이다. 교교한 달빛이 비치는 한적한 바닷가 해안도 될 것이고, 도심 한복판의 칸막이 카페도 들어갈 것이다. 그땐 지금과 같이 탁 트여 노출된 공간이 아니고, 칸막이를 쳐 나름대로 은밀했다.

음악다방은 종일 굉음으로 시끄러웠다. 그래도 그것이 무슨 유행이나 되는 것처럼 들락거려 고막이 터져나가는 줄도 모르고 좋아했다. 통기타, 포크 송, 청바지, 생맥주가 청년문화를 휩쓸던 시절이었다.

오늘의 시니어들이 이렇듯 옛 추억을 되살렸으면 좋겠다. 그때 그 시절로 돌아가 시니어의 삶을 좀 더 부드럽고 다정하게 꾸려나갔으면 한다. 부부가 차 한잔을 마시며, 옛 사진을 들추며, 옛이야기를 더듬을 때 벌써 40~50년 전으로 돌아간 듯한 느낌이 들것이다.

1980년대에 결혼을 했던 시니어들은 아직도 액티브한 생활을 한다지만, 1970년대 기혼자들은 지금 초로(初老)의 나이가 되었다. 몸의 상태에 따라, 인생을 정리하고 있을지도 모른다. 세월의 추는 그렇게 무심하게 흘러가는 것이다. 흘러가는 세월을 잡으려 하지 말고, 지금 나에게 부여된 시간을 열심히 쓰면, 그것이 세월을 잡는 것이다.

천 년 사직이 남가일몽(南柯一夢)이었고, 태자 가신 지 또

다시 천 년이 지났으니, 유구(悠久)한 영겁(永劫)으로 보면 천 년도 수유(須臾)던가! 고작 칠십 생애(七十生涯)에 희로애락을 싣고 각축(角逐)하다가 한 움큼 부토(腐土)로 돌아가는 것이 인생이라 생각하니, 의지 없는 나그네의 마음은 암연(黯然)히 수수(愁愁)롭다.

정비석의 저 유명한 《산정무한》의 한 구절이다. 사람의 수명은 늘어봤자 고작 80세이다. 90~100세 욕심을 내서는 안 되고, 과욕을 부리면 급사(急死)할 수도 있다. 시간은 많이 남아 있지 않고, 부부 함께 재미나게 보낼 시간도 그렇게 많지 않다. 기다려 주지도 않는다. 이 아까운 시간을 즐겁게 잘 보내야 한다. 초야의 밤으로 한번 돌아가 보라. 모름지기 당신의 삶이 달라질 것이다.

대학 시절 애타게 사모했던
그 여학생이 생각난다면

　황혼이라 하여 처음 늙어가는 길이고, 한 번도 가본 적이 없는 길이라, 서툴고 때론 불안한 마음이 든다. 그러나 노을처럼 아름답기를 소망하면서 천천히 걸어간다. 꽃보다 곱다는 단풍처럼, 해돋이보다 아름답다는 해넘이처럼, 그렇게 걸어가고 싶다. 〈황혼〉이라는 시(詩)라며, 친구가 톡으로 보내왔다.
　공감하지만 나는 세월을 빗대 말하는 황혼과 노을이라는 말을 그렇게 반기지 않는다. 이 말들은 아름답게 들리지만, 세월과 나이에 비유한다면 처량한 느낌이 들기 때문이다. 나의 황혼은 즐겁고 재미나고, 기쁘고 편하고 놀고 배우고 운동하고 얘기하고 춤추고 노래 부르는 것이다. 나대로 내 마음껏

Active하고, Smart하게 사는 것이다. 관조하되 축 처지는 것은 아니다.

영화 〈버킷리스트〉에서 나이 든 주인공 두 사람이 가장 먼저 한 것이 공중 스카이다이빙이듯이, 그렇게 하고 싶다. 입은 닫으면서 지갑은 자주 열어 박수를 받는 멋진 시니어가 되고 싶다. 그런데 황혼이라는 말로 늙음을 자꾸 미화(美化)하니 듣기 싫은 것이다.

황혼에도 낭만과 사랑과 추억이 있다. 젊은 시절 애틋한 사랑의 추억이 없는 사람이 어디 있을까? 나는 그 추억을 소중하게 생각한다. 지금도 푸릇푸릇한 청춘의 예쁜 여대생이 보고 싶어진다. 그 옛날 볼 때마다 혼자 가슴이 설레며 떨렸다. 말을 한마디 붙이기까지 많은 시간이 걸렸다. 따스한 5월의 태양 아래 축제의 분위기에 젖어 개나리가 만개한 교정을 함께 거닐기도 했다. 잔디밭에 앉아 이야기하며 즐거워했다.

하숙집 오픈하우스(Open House)에서 만난 여학생은 하얀 이가 돋보였다. 지방 하숙생들이 반드시 여학생 파트너를 데리고 와 식사를 하며, 남자 하숙집을 공개하는 그러한 이벤트이었다. 여자 친구가 없는 우리는 학교 옆 다방에 들어가 막무가내로 여학생에게 부탁을 하며, '강제 납치'를 했으니 그녀들도 처음엔 놀랐다. 그러나 곧 정이 들어 친하게 지냈다.

지금 어떻게 되었을까? 60대 중반이 넘었으니 아마도 할머니가 되었겠지. 그래도 생각이 나고 만나고 싶어진다. 학과사무실에 물어보고, 동문회에 수소문해도 연락처를 알 수 없다. 친구들은 "잊어라, 안 보는 게 상책이다. 보면 바로 실망하고야 만다. 추억으로 간직하는 게 최선이다."라고 말한다.

그러나 거기에 동의하고 싶지 않다. 그때 너무 아쉽게 헤어졌다. 특별한 이별도 아니고 어정쩡하게 연락이 끊어져 버렸다. 이별의 '해단식' 한번 못 해보고 멀어져 버렸다. 그리고 50년 가까이 세월이 흘렀다. 이제 만나 특별히 할 얘기가 있겠느냐만, 궁금한 게 너무 많다.

어디에 사는지? 얼굴이 어떻게 변했는지? 아이가 몇인지? 부군 아저씨가 누구인지, 뭘 하는지도 궁금하다. 만나서 회포를 풀고 싶다. 그때 만나기로 약속을 한 날, 하숙집 동료들의 환호를 받으며 장소로 나갔다. 그녀는 나타나지 않았다. 아무리 기다려도 아무런 연락 없이 펑크를 내버렸다. 다음 날 눈이 많이 내려 세상이 하얗게 변했다. 마음을 크게 먹고 대학교 교정 후미진 곳에 있는 공중전화 박스에 들어가 떨리는 마음으로 전화를 걸었다.

여자 목소리가 들려왔고, 여학생은 "어제 결혼을 했다."라고 말했다. 이게 무슨 소리인가? 나와 만나기로 한 날 결혼을 했다니? 이럴 수가? 그로서 끝이었다. 가까운 친구의 사연은 더 절절하다. 취업했으나 지방으로 발령 나자, 서울 사람에게 결혼하여 지방에 내려가 살자는 '간 큰' 말을 할 배포도 용기도 없어 입을 닫고 말았단다.

 그런 시절로부터 강산이 네 번이나 바뀌는 세월이 흘렀다. 나도, 친구도 한 줄의 소식도 모른다. 안 만나야 하지만, 그래도 만나고 싶은 본능적인 욕구가 있다. 아무리 나이가 들어 늙어가도, 가슴에 맺힌 것은 풀어야 한다. 남녀 간 관계라면 더욱 그러하다.

 5월의 따뜻한 대학 캠퍼스는 개나리의 노란 꽃에다 아른아른 피어오르는 아지랑이로 감미롭다. 빨갛고 노랗고 파란색 옷의 젊은 대학생들의 발걸음은 가볍다. 마구 수다를 떠는 여학생들의 천진난만한 말과 웃음 속에 젊음은 무르익어 간다. 이제는 되돌릴 수 없는 젊은 시절의 아름다운 풍경이다. 그때로 돌아가고 싶다. 밤을 지새우면서 이야기하며 지난날을 회상하며 추억에 젖어들고 싶다. 그러나 지금은 어디서 무엇을 하는지 알 수 없다. 그리움만 남아 있다.

 한용운은 〈님의 침묵〉에서 이렇게 말했다.

  사랑도 사람의 일이라
  만날 때에 미리 떠날 것을 염려하고

> 경계하지 아니한 것은 아니지만
> 이별은 뜻밖의 일이 되고
> 놀란 가슴은 새로운 슬픔에 터집니다

대저 사랑이라는 것이 아름답고, 뜨겁고, 달콤한 것이지만, 현실 세계의 사정은 그렇게 만만하지가 않다. 여러 가지 장애물이 사랑을 갈라놓고, 이별을 만들어 낸다. 그것이 인생이다. 사랑은 아름답고 숭고하지만, 슬픈 이야기이기도 하다.

한마을에서 사는 만득과 곱단은 어렸을 때부터 친하여 장래를 약속한 사이였다. 그러나 일제는 젊은이들을 전장으로 내보냈으며, 만득이도 중학을 마치자 징병에 끌려가게 되었다. 곱단은 결혼을 서두르자고 했다. 만득은 전쟁터에서 죽는다면 곱단을 평생 과부로 만들게 된다면서, 그냥 떠나버렸다. 얼마나 곱단을 위한 깊은 마음인가?

곱단 또한 정신대 차출을 피하기 위해 장가간 지 10년 넘게 아이가 없는 남자의 재취(再娶)로 들어갔다. 그러나 세상은 야속한 법, 죽을 줄 알았던 만득은 살아 돌아왔고, 다른 처녀와 결혼을 해버린다. 기구한 운명의 장난으로밖에 볼 수 없다. 박완서의 단편소설 〈그 여자네 집〉에 나오는 이야기이다.

사랑과 이별, 추억은 영원히 잊을 수 없는 우리 젊은 날의 초상(肖像)이다. 혼자 가슴에 간직하고 안고 가기에는 너무 아쉽고 아름답다. 사랑에 나이가 없고, 추억에 늙음이 있으랴? 수십 년 세월의 흐름은 장미꽃처럼 붉게 피어나는 아름다운 얼굴들을 변모시켰을 것이다.

 그 모습이 더욱 보고 싶다. 그리고 밤을 새워 지난 시간을 이야기하고 싶다. 나이가 들어가니 잊혔던 옛 친구들이 더욱 만나고 싶다. 황혼이니 늙음이니 하는 핑계로 피해서는 안 된다. 지금 당장 만나, 아름답던 젊은 시절로 잠시나마 돌아가 보았으면 한다.

내 마음속에는 아직도
풋풋한 젊음이 살아 있다

나의 유년기(幼年期)의 추억은 하동 섬진강 백사장에서 시작된다. 그곳은 내가 태어난 고향이다. 예닐곱 살 되는 꼬마들은 종일 뛰놀았다. 더 넓은 하얀 백사장에서 뒹굴며 뜀박질하며, 시간 가는 줄도 몰랐다. 때로는 섬진강으로 뛰어 들어가 멱을 감고 헤엄도 쳤다. 위험천만한 일이지만 그때는 예사였다. 형님뻘 되는 큰아이들은 헤엄을 쳐서 섬진강을 가로질러 건너기도 했다.

그렇게 놀던 아이들은 햇볕이 따가우면 인근 송림 숲으로 들어가 더위를 식혔다. 지금도 송림의 소나무는 울창하다. 송림공원이라는 이름으로 포장이 되었지만, 60년 전 그때는 거대한 자연 그대로의 소나무 숲이었다.

시니어가 된 지금 나의 가슴속에는 어릴 때 뛰어놀던 그 강변의 백사장이 또렷하게 자리하고 있다. 세월이 흘렀지만, 그때의 천진난만한 개구쟁이들이 가졌던 순박함과 또릿또릿한 눈망울이 뇌리에 남아 있다. 나이가 든 시니어들은 누구나가 어릴 때 이 같은 아련한 추억을 소중하게 간직하고 있을 것이다. 지난가을에는 섬진강 백사장을 다녀왔다. 섬진강의 강물은 예나 지금이나 유유히 흘러가고 있었다.

중고교 시절의 아름다운 추억도 여전하다. 고등학교 교정을 거닐며 교내방송을 통해 나오는 음악을 들으며 감흥에 젖었다. 밤늦게까지 도서관에서 공부하고 나오면 뭔가 가슴 깊숙한 곳에서 뿌듯한 만족감이 풍선처럼 크게 부풀었다. 우리는 노래를 함께 부르며 집으로 갔다.

자동차가 없었던 그 시절, 아침이면 누구나 걸어서 학교로 갔다. 보통 등하굣길은 1시간 이상 걸렸다. 학교 가는 길에 여고가 있었으나, 부끄러워 고개를 돌리지 못했다. 그래도 여학생들이 2~3층 교실 창문가에서 나를 내려보는 것 같아 씩씩하게 걸으려고 애썼다. 그런 추억들이 아직도 기억에 생생하다. 영영 잊어버리지 않는 기억의 편린이다.

지금도 가사를 다 외워 부르는 노래는 고교 시절 음악 시간에 배웠던 가곡들이다. 〈동무 생각〉, 〈돌아오라 소렌토로〉,

〈애니 로리(Annie Laurie)〉 등은 지금도 그냥 부르면 가사가 술술 나온다. 어떻게 50년 전에 배운 노래 가사를 지금껏 기억하는지 이해가 가지 않는다.

대학은 서울 유학의 시절이었다. 5월 축제를 앞두고 파트너를 구하느라 애를 태우던 기억이 선하다. 삼선개헌 유신철폐를 외치며 거리로 뛰어나오곤 했다. 태어나 처음 하는 하숙은 재미도 있었지만, 집을 떠난 허전함도 있었다. 그리고 군대 입대, 3년의 시간이 어떻게 갔는지도 모르게 지나갔고, 돌아보면 별다른 기억은 없는 듯하다.

남자들에게 있어 군대 이야기는 끝없이 나오는 것이지만, 전역하면 모두 망각하는 이상한 현상이 있다. 수많은 군대 동료들을 만나 사귀었지만, 제대한 지금에는 연락이 되는 사람이 거의 없으니 군대 친구는 참 허망하다.

그리고 대학 졸업과 입사, 사회생활의 시작이었다. 말단 사원에서 출발하여 우여곡절 끝에 간부가 되고 임원이 되었다. 그사이 결혼을 하고, 아이를 낳고, 그 아이가 또 아이를 낳았다. 세월은 그렇게 무심하게 흘러가, 은퇴를 하고, 나이는 어느덧 고희(古稀)에 다 달았다. 아직은 젊은 노인, 액티브(Active) 시니어(Senior)라 부른다. 지난 세월이 주마등처럼 지나가고, 길고도 짧은 나의 역사는 파노라마처럼 이어지고 있다.

시니어의 나이에 도달한 우리는 아직도 유년과 소년기, 사춘기와 청춘의 '젊음의 기억'을 소중하게 간직하고 있다. 우리의 팍팍한 생활을 달래주는 향수이자, 격려하는 청량제이다. 우리는 그 추억을 먹고 살았으며, 힘든 일이 있을 때마다 소중한 추억을 회상하며 스스로를 달랬다. 생의 활력소이자 에너지이다.

지난 시절의 젊음은 배움과 도전, 용기와 모험을 아우르는 귀중한 자산이다. 그 자산을 가슴 깊이 간직하며 때로는 꺼내보고 새롭게 각오를 다졌다. 나이를 먹더라도 열정을 포기하면 영혼을 주름지게 한다고 한다. 나이가 들어서 늙는 것이 아니라, 열정을 포기할 때 우리는 늙게 된다고 한다.

늙어간다고 해서 열정과 이상, 용기를 잃지 말라는 지적이다. 하지만 늙는다고 해서 정신마저 늙는 것은 아니다. 몸은 늙어가도 정신은 이른 아침의 맑고 차가운 샘물처럼 명석하다. 청춘이라고 불렀던 그 시절을 우리는 생생하게 기억한다. 청춘은 아름답고, 생기 있고 발랄하고 패기 있는 젊음의 시절이다.

청춘이 고동치면 젊음이 되살아나고, 청춘은 심장의 박동을 힘차게 가동하는 젊음의 원동력이다. 아직도 우렁찬 심장의 박동은 우리를 설레게 한다. 우리는 그 젊음과 청춘을 잊지 않는다. 나의 영원한 심장의 보고(寶庫)로 간직하고, 감사하게 생각한다. 그것의 망각이나 포기는 삶을 포기하는 것과 진배없다.

새뮤얼 울만이라는 사람이 〈청춘(Youth)〉이라는 시를 쓴 것이 78세 때이다.

> 청춘은 인생의 어떤 시절이 아니라 마음의 상태이다. 그것은 장밋빛 볼, 붉은 입술, 그리고 유연한 관절의 문제가 아니다. 청춘은 때때로 20세의 청년보다 70세의 노인에게 아름답게 존재한다. 단지 연령의 숫자로 늙었다고 말할 수 없다. 우리는 황폐해진 우리의 이상적 사고에 의해 늙게 되는 것일 뿐이다.
>
> (이하 생략)

맥아더 장군이 이 시를 책상 위 액자에 넣고 늘 암송했다. 종군기자 팔머가 이를 보고 순식간에 빠져들어 1945년 12월호 다이제스트에 '어떻게 젊게 살 것인가(How to stay young)'라고 소개하여 세상에 알려졌다.

우리들의 가슴에는 아직도 풋풋한 젊음이 살아 움직인다. 유년기와 소년기도 마찬가지이며, 사춘기는 예쁜 여학생으로 기억된다. 꿈과 희망을 생성하는 사춘기는 민감한 시기여서 부모들의 마음을 애태우기도 한다. 그러나 그 민감한 시절, 아이들은 시와 사랑을 배우고, 인생에서 잊을 수 없는 추억을 만들었다. 사춘기를 아무런 굴곡 없이 지나쳐 버린다면 너무나 싱겁고 아쉽다. 마치 젊음이 아닌 것 같다.

　대학 시절은 성년의 시간, 사회로 가는 준비를 하며, 젊음의 주인공으로서 그 역할을 다했다. 우리는 이 모든 아름다운 추억과 열정을 가슴에 간직하며, 젊음과 청춘은 눈을 감을 때까지 잊어버리지 않는다.

　황혼을 인생의 끝이라 했는가? 아직도 가슴은 끓고 있고, 못다 한 열정과 사랑도 있다. 떠오르는 태양보다 지는 노을이 더 아름답다. 석양이 장엄하다. 시니어는 시니어답게 마음속은 깊게 하되, 조용히 그리고 묵묵히 가슴을 열어 생활을 영위하면 되는 것이다.

　그러나 시니어가 마냥 젊음을 흉내 내서는 안 된다. 시니어는 시니어의 역할과 위상이 있고, 젊음과 청춘은 그 나름대로 패션과 열망이 있다. 서로 존중하여 함께 나아가면 신구(新舊)의 조화가 맞다. 무심하게 흘러가는 세월을 잡을 수도 없고, 나의 인생행로도 또한 쉼 없이 흘러간다.

　강물이 흘러 바다로 가면 대양으로 가기 마련이고, 물레방아는 거꾸로 돌지 않는다. 하지만 나의 가슴속에는 어릴 때의 순진함과 천진난만함, 중고 시절의 꿈과 희망과 모험과 용기, 패기, 대학의 낭만과 사랑, 정의를 잊지 않고 간직하고 있다. 내 마음속에는 아직도 풋풋한 젊음이 언제나 살아 있다.

우리는 그래도
선택받은 사람들이다

　우리나라 사람들은 스스로 자기를 비하하거나, 열등의식에 빠지는 경향이 있다. 오랫동안 주변 국가로부터의 외침이나 간섭을 받아서 그런지 모르겠다. 그러나 우리는 그러한 어려움을 무난히 극복하고 오늘에 비교적 잘 살고 있다. 비하나 열등의식은 때로는 자성(自省)의 계기가 되기도 하겠으나, 용기를 북돋우거나 발전을 지향하는 측면에서 볼 때 별 도움이 되지 않는다. 버리는 게 좋다.
　시니어의 입장에서는 나이 들고 지난 인생에 대한 회한이 일어나기도 한다. "지나온 인생, 그동안 나는 무엇을 했나?" 하는 것이다. 각자가 맡겨진 자신의 인생을 잘 살아왔는데도 이런 마음이 들기도 한다. 살아온 인생을 결과로만 재단할 수는 없다. 과정 또한 중요하고, "누가 누구보다 잘 살았네, 못 살았네." 하며 비교를 하는 것 자체가 소용없다. 60~70대 나이에 뭐가 아쉬워 비교를 하겠는가? 내가 떳떳이 살아왔으면 잘 살아온 인생이고, 선택받은 사람이라는 자긍심을 가져야 한다.

70세 이상의 시니어라면 지금의 나이에 살아 있는 것만 해도 감사를 해야 한다. 70세는 고희(古稀)라 하여 '삶에 있어 칠십도 드문 일이다'라는 말이다. 장수(長壽)라는 의미이다.

요즘은 평균수명이 여성 83세, 남성 76세 정도로, 70세 이상 사는 것은 당연한 것처럼 여기지만, 실제 70세 생존율은 86%, 75세는 54% 정도라고 한다. 75세가 되면 10명 중 절반은 죽는다는 말이다. 옛사람들은 40세를 넘기기도 쉽지 않았다. 조선 27명의 왕 중 70세를 넘긴 경우는 2명뿐이다.

그러니 이 나이 또래의 시니어는 살아 있는 것만으로도 튼튼한 신체를 주신 부모님과 하늘에 감사해야 한다. '당연하게 살아 있어야지' 하는 심리는 통계적으로 볼 때 잘못된 것이다. 동년배의 절반이 저세상으로 떠난다는 것을 잊고 있다.

여기에다 치명적 질환을 앓지 않고 건강하다면 또한 행운이다. 말기 암을 비롯한 불치(不治)의 병을 피해, 건강을 유지하고 있다면 얼마나 큰 다행인지 모른다. 단순히 살아 있는 것만으로도 감사한데, 치명적 질환까지 없다면 정말로 감사해야 할 일이다.

이런 행운을 누구나 가진다고 생각하면 큰 오산이다. 선택된 사람에게만 올 수 있다. 공기를 마실 때는 누구나 아주 편하게, 무의식적으로 마신다고 생각하지만, 생명을 위협하는 위기의 순간이 온다면 마시기도 힘이 든다는 사실을 알아야 한다.

그러니 오염된 공기를 마신다 해도 마시고 있다면 감사해야 할 일이다. 중병에 시달리지 않고, 비교적 건강한 생활을 하고 있다면 두 손 모아 감사해야 한다. 지금 이 시각에도 병원의 중환자 병실에서는 떠날 채비를 하는 사람들이 줄을 서 있다.

귀여운 손주가 있다면 얼마나 큰 기쁨인가? 요즘의 이상한 결혼 풍조, 늦은 만혼(晩婚)이거나, 아예 하지 않는 비혼(非婚)이 확산되는 상황에서 손주를 본다는 사실은 선택받지 않으면 안 되는 큰 행복이다. 옛날에는 자식들이 커서 적령기가 되면 당연히 결혼하고, 아이도 자동으로 태어나는 줄 알았다. 그러나 요즘은 전혀 그렇지 않다. 결혼하더라도 아이를 낳는다는 보장이 없다.

남자 나이 40세 결혼도 별 문제 안 되고, '그때라도 가기만 가거라'라는 부모들의 심정이다. 상황이 이럴진대, 자식이 일찍 혼인하여 손주를 안겨주면 고맙기 그지없다. 선택받은 사람만이 누릴 수 있는 행복이다. 거기에다 손주에게 용돈 줄 능력까지 있다면 대단한 행운이다.

  아이들 결혼시키고 내 집에다 약간의 여유자금이 있고, 연금까지 나온다면 금상첨화이다. 부동산과 같은 여타 재산이 있다면 더 말할 나위가 없다. 시니어라면 누구나 꿈꾸는 그림이다. 이런 그림을 그릴 수 있는 시니어들은 정말로 선택받은 사람들이다. 이처럼 감사는 값진 것에 있지 않다. 소박하고 사소한 것에 있다. 작은 일에도 감사할 줄 아는 마음을 가져야 한다.

  내 집에서 따뜻한 세끼 밥을 먹고, 자식들 잘 커 독립하고, 가족이 건강하다면, 그것이 최고의 행복이다. 그런 행복은 누구에게나 오는 것은 아니다. 지금의 행복이 소소할지라도 진실로 인생의 행복임을 알고 감사하게 느끼는 사람에게 오는 것이다. 갑자기 큰돈이 생긴다거나, 하늘에서 뚝 떨어지는 행복이 있는 양 기다리는 사람에게는 오지 않는다. 그런 요행을 바라다가는 행복은 왔다가도 그냥 지나가 버리고 만다.

  욕심부리지 말고, 주어진 여건에서 만족하며 사는 게 보통 사람의 행복일 것이다. 수년 전까지만 해도 우리 국민이 미국으로 가, 성공하는 '아메리칸드림'을 꿈꾸어 왔지만, 이제는 다른 나라에서 '코리안 드림'을 위해 우리나라로 오고 있다.

세계 200여 개 국가, 80억이 넘는 많은 인구이다. 이 중에서 대한민국의 국민으로 태어난 것도 선택받은 사람이라는 생각을 가져보아야 한다. 일부에서는 미국이나 유럽 같은 선진국에서 태어나지 못한 것이 불운이라며 불만을 표시하기도 하겠으나, 부정하게 생각하면 부정한 결과를 낳고야 만다.

그들 국가도 오랜 기간 우리보다 더 많은 전쟁과 고난을 치르고 지금의 국가로 성장하여 자리를 잡았다. 조금 늦게 시작한 우리나라는 열심히 노력하여, 지금 세계의 경제 대국 반열에 들어섰다. 선진국으로 소문난 나라를 실제로 가봐도 우리와 별반 차이가 없고, 우리가 훨씬 나은 조건에 살고 있는 것을 알게 된다.

50여 년의 짧은 기간 동안 선진 국가 반열에 들어간 나라는 우리나라 말고는 세계 어디에도 없다. 아직도 의식주라는 기본조건을 충족하지 못해 허덕이는 나라가 아시아, 아프리카, 남미 등에 산재해 있다. 그들 나라는 우리를 부러워한다. 여기에 비하면 우리는 얼마나 좋은 환경에서 지내고 있는지, 그들 국가를 직접 가보면 알 수 있다.

세상만사가 다 거기에서 거기이다. 내가 좋은 선택을 받았다고 생각하면 좋게 선택된 것이요, 낙오되었다고 생각하면 정말로 낙오되는 것이다. 우리나라 국민으로서의 자긍심과 자존감, 그리고 당당한 프라이드를 가져도 될 때가 되었다. 괜스레 자기 비하와 열등의식, 패배주의에 우리 자신이 흔들릴 이유는 전혀 없을 것이다.

　외국인 앞에서 주눅 들 필요도 없다. 선택받았다는 것은 좋은 것이고, 행운이다. 소소한 행복을 진실로 큰 행복으로 여기는 겸손한 마음을 가지는 사람들에게는, 언제든지 '선택받은 사람'에 들어갈 수 있는 문이 열려 있다.

시니어의 편지

시니어 성 문제가
이렇게 중요한 줄 아셨나요?

  여러분은 "공장 문 닫은 지 오래됐다."는 말을 바로 이해하셨나요? 웬만한 남성이라면 곧 알아차렸을 것으로 생각합니다. 그러나 공장 문을 빨리 닫는 바람에 많은 문제가 생기고 있다는 것을 여성들은 잘 모를 겁니다. 아무리 부부 사이라 해도 남녀의 생리 사이클이 다르니까요.
  사실 이런 글을 써도 될까? 많이 망설였습니다. 고민 끝에 몇 꼭지 다뤘는데 여러분은 어떻게 생각할지 궁금합니다. 제가 이런 글을 언급한 것은 이 문제가 시니어 세대에게 매우 중요한 비중을 차지하기 때문입니다. 또한 기존의 인생 책자에서는 잘 다루지 않아서이기도 합니다.

남자는 숨 쉴 힘만 있어도 하고자 합니다. 어떻게 설명이 되지 않아요. 그런데 현실은 대안이 없고 막막하답니다. 아내의 '공장 문'이 닫혀버리면 그로써 끝이지요. 그 이외의 방법은 법적으로 차단되어 있고, 위반할 때에는 처벌과 불명예라는 멍에가 기다리고 있지요. 겁이 나서 함부로 행동하지 못해요. 이로 인해 여러 애로점이 터져 나오고 있는 것으로 추정됩니다.

저는 성의 문제에 관한 한 아마추어입니다. 전문가가 아니지요. 그럼에도 이런 글을 쓴 것은 그만큼 이 문제가 중요하고, 시니어 세대에게 있어 당면 현안이기 때문입니다. 비전문가가 이 정도의 실태를 안다는 것은 아마도 문제의 심각성을 말해주는 것이겠지요. 그냥 쳐다만 보고 방치할 게 아니라는 얘기입니다.

지금 초고령사회를 맞아 수명은 점점 길어지고, 100세 시대를 앞두고 있는 마당에, 이 문제의 해결이 없이는 사회적으로 곤란한 상황이 닥쳐올 것으로 우려됩니다.

법적으로 재검토가 되어야 할 필요성이 있다고 봅니다. 그러기 위해서 저는 기본적인 문제 제기를 한 것입니다. 저는 성 애호주의자도, 성도착(倒錯) 환자도 아니랍니다. 노후의 즐겁고 재미있는 생을 추구하는 평범한 시니어의 한 사람입니다.

법적 대안 마련에 앞서 일차적인 대안이 부부관계의 원만함이라고 확신합니다. 그래서 첫 번째 편지에서도 원만한 부부관계의 중요성을 강조했습니다. 성 문제뿐만 아니라, 노년 생활도 부부 사이가 원만하지 않으면 모두가 공염불에 그치고 맙니다.

　프랑스 같은 외국에서는 성의 문제가 당사자의 거취나 명예를 흔들 만큼 중요하게 취급되지 않는다고 합니다. 그러나 우리나라는 이 문제로 자리에서 내려오거나, 형사 문제로까지 비화되기에 파장이 큽니다. 그럴수록 대안이 마련되어야 하는데, 출구는 없고 단속을 하니, 답답한 것입니다.

　제가 발기부전 치료제의 복용을 아내에게 공개하라고 했는데, 이는 말처럼 쉽지 않습니다. 남자의 자존심에 관한 문제입니다. 지금 고령층의 남성들은 대부분 발기부전으로 애를 먹습니다. 그 와중에 등장한 치료제는 '신의 약'으로 불릴 만큼 획기적이며, 효과도 좋은 것으로 나와 있습니다.

　남성들은 이를 아내에게 숨기려 합니다. 본능적인 행동으로 이해합니다만, 부끄럽다고 생각하지 말고 아내에게 공개하여, 함께 대책을 세우면 훨씬 좋은 답이 나올 것으로 기대합니다. 나이 들어 신체가 노화되어 일어나는 발기부전은 수치스럽다거나 부끄러운 일이 아닙니다. 부부간의 협조로 원만한 성생활을 할 수 있도록 권합니다. 그렇다고 바람은 피우지 마세요. 젊을 때 피웠더라도 이제는 정리해야 할 시기입니다. 늦바람이 무서운 건 알고 계시죠. 나이 들어 결코 해서는 안 될 행위입니다.

　성의 문제는 시니어뿐만 아니라 젊은 세대에게도 곧 닥치게 됩니다. 물론 젊은 사람들에게는 젊은 배우자가 있지만, 그 젊음도 무심하게 흐르는 시간은 못 이기죠. 남의 일만은 아니라는 이야기입니다. 젊어서부터 부부가 사랑하고 아끼는 마음이 필요합니다.
　신혼의 초야는 설레고 아름답습니다. 새신랑·신부가 주인공입니다. 너무 달콤하여 허둥대다 대사(大事)를 그르치고, 한숨도 못 자기도 합니다. 헌 신랑·신부가 아닌 새신랑·신부여서 그렇습니다. 새것은 처음에는 익숙하지 못해 적응에 시간이 걸립니다.
　40~50년을 산 부부들은 오래전 신혼초야의 설레는 감정으로 잠시 시계를 되돌려 보시기 바랍니다. 왕자님과 공주님마냥 아름다운 부부의 탄생을 알리는 하객의 박수 소리가 장년의 피로를 씻어줄 것입니다.
　우리 인간은 추억을 먹고 산다 합니다. 나이가 들면 과거의 일거수일투족이 아름다운 추억으로 반추되어 그리워집니다. 그때 그 시절로 되돌아가고 싶어 합니다. 더욱이 청춘이 샘솟는 20대의 젊은 나이에 사랑했던 사람은 영원히 잊히질 않습니다.

　현재 가정을 꾸리고 있어도 보고 싶고 그리워집니다. 이는 순수한 감정입니다. 누구나가 첫사랑이 있고, 첫 키스의 추억이 있습니다. 이제 나이 들어 황혼으로 가는 마당에 지난 세월 사랑의 추억을 되새기지 못할 이유도 없고, 가슴에 담아둘 사유도 없습니다.
　연락이 닿으면 만나보는 것도 괜찮은 방법입니다. 이를 위해 50년이 넘은 옛 앨범의 먼지를 털고 뒤적일 수 있고, 친구의 친구를 통해 수소문해 볼 수도 있습니다. 설령 만나도 옛날과 같은 설렘이나 떨림보다 세월의 흐름에 변해버린 모습에 털털 웃겠지요. 자칫 알아보지 못할 수도 있고, 백발은 성성하고 주름살은 늘어 따로 거울을 볼 필요가 없을 것입니다.
　그래도 만나면 반가운 것, 얘기의 꽃을 피울 것이고, 쉽게 끝이 나질 않을 겁니다. "아이는 몇 명이나 두었나?" "부군은 뭐 하시는 분인가?" "어디에서 살고 있나?" "그때 왜 연락을 끊었는가?" 등 밀린 이야기가 너무 많겠지요. 사는 게 다 그러합니다.

　우리의 삶이란 어차피 죽음을 조금씩 뒤로 미루는 것에 불과합니다. 하루하루 죽음에 다가가는 것과 같은 말이지요. 오늘은 어제 죽은 사람이 그렇게 기다리던 내일입니다. 하지만 사람은 나이가 들어 늙지만, 생각을 달리하고, 감정과 이상(理想)을 포기할 때 완전히 늙게 되는 것입니다.

그래서 우리는 나이 든 청춘을 생각합니다. 나이는 들었지만 가슴에는 소년 시절의 꿈과 희망이 그대로 있습니다. 학창시절의 젊음은 지금도 나를 지탱해 주는 버팀목 역할을 합니다.

액티브 시니어(Active Senior)라는 말을 들어보셨겠지요. 육신은 노쇠해도 정신은 더욱 또렷해지고, 멋진 사고에 활발한 삶을 유지하는 것이지요. 시니어는 액티브하되, 사물을 조용히 관조하는 연장자로서의 여유와 품위를 갖춰야 합니다. 모든 시니어의 로망이기도 합니다.

인간은 참으로 간사합니다. 오래 사는 삶을 갈망하면서도 늙음은 배척하는 이중적인 사고를 갖고 있지요. 이런 이율배반적인 행태가 어디 있답니까? 수명이 연장되면 늙음도 마땅히 존중되어야 하는데, 세상은 그 반대로 움직이니 말입니다.

부정과 긍정의 이미지가 교차해서 일어나는 현상이 아마도 인간사일 겁니다. 하여 젊은 사람들에게 미리 이런 경구를 전해드리고자 합니다. "젊은이들이여, 늙는 것을 두려워 말라, 어차피 자네들도 늙고야 말 것이니." '늙음을 두려워 말라'는 말은 고령자에게 해당하는 것인데, 지금은 젊은이들에게도 적용이 되는군요.

그 옛날 형님, 누나들이 시집, 장가를 갈 때 집안의 기둥뿌리 몇 개 빠진다고 했죠. 그런데 세월이 흘러 다른 모든 것은 바뀌어 가는데 이것만큼은 안 바뀌니 웬일일까요? 그것도 우리의 고유한 전통이어서 그런지 모르겠네요.

결혼하여 자식 낳고 공부시켜 사람을 만들어 놓았으면 부모들의 할 일은 다 한 것인데, 또 결혼을 시켜야 하니 부모는 참으로 고단합니다. 은퇴 후에도 부모들의 피곤한 삶은 계속됩니다. '이래서는 안 되는데' 하면서도 따라가지 않을 수 없는 게 부모의 운명인가 봅니다. 그래도 비혼(非婚)은 아니라서 다행입니다.

나는 '아이와 선생님을 괴롭히는 학부모가 되지 말아야지' 하고 맹세했건만, 나 역시도 학부모가 되고 보니 똑같은 행태를 되풀이하니 도저히 이해가 가질 않습니다. 그런데도 나는 부모를 그대로 닮아 답습하고 있으니 나 역시도 불만입니다. 세상일이 이런가 봅니다. 마음대로 안 되네요.

영화 〈노트북〉을 보셨나요? 환경이 완전히 다른 남(노아), 여(앨리)가 시골에서 우연히 만나 사랑을 하게 되나, 노아는 목수이고, 앨리는 도시 부잣집의 딸입니다. 앨리는 부모의 반대로 노아와 갈라서고, 세월이 흘러 앨리는 다른 남자와

약혼을 하게 되지요. 그런데 노아가 시골로 돌아와 폐허 집을 훌륭하게 복원했다는 신문 기사를 보고는 재회하여, 다시 사랑에 빠져 평생 함께합니다.

그러나 앨리는 나이 들어 치매에 걸려 남편 노아도 못 알아보지요. 노아는 병원에서 앨리와 함께 지내며, 지나온 과거를 정리한 러브스토리 노트북을 보고 매일 조금씩 읽어줍니다. 어느 날 두 사람은 한 침대에서 함께 세상을 떠납니다. 노아는 노트북을 읽어주며 사랑하는 아내 앨리에게 이렇게 말합니다.

"나는 비록 죽으면 쉽게 잊힐 평범한 사람일지라도, 영혼을 바쳐 평생 한 사람을 사랑했으니, 그것만으로도 성공한 인생이야." 사랑의 힘은 위대하고 영원합니다. 부부가 함께 세상을 하직하는 경우는 교통사고와 같은 돌연사를 제외하고는 거의 없습니다.

그런데 노아와 앨리는 한 침대에서 서로 손을 꼭 잡고 자다 함께 눈을 감습니다. 숭고한 사랑의 결말입니다. 여러분도 이런 고귀한 사랑을 한번 해보지 않으시렵니까? 아내를 아끼고, 남편을 사랑하세요. 아름다운 사랑은 항상 여러분의 곁에 있습니다.

| PART 3 |

산 자와 죽은 자, 백지장 한 장의 차이와 다름없다

인생의 과거와 현재, 그리고 미래를 보면,
모두가 찰나의 한 세상, 동시대에 불과하다.
인생이라는 세월은 영속적으로 흘러간다.

아내를 먼저 보내고
나 혼자 남는다면

　이 세상 수많은 사람 중 특별히 두 사람이 연을 맺어 부부가 된다. 결혼이라는 의식으로 한 몸이 되어 평생 해로하며, 희로애락을 함께하겠노라고 약조를 한다. 누구보다도 든든한 신랑, 온 세상과 바꿔도 아깝지 않을 예쁘고 착한 신부, 천생의 배필이다.
　두 사람은 서로 사랑했기에 부부가 되었고, 이제 한 가정을 꾸렸다. 두 사람의 새로운 부부로의 출발은 사랑의 결실이다. 그러나 세상이 복잡해져 해로하지 못하고 헤어지기도 하는 게 요즘의 일상이기도 하다. 한쪽이 먼저 가버리고, 특히 아내가 먼저 세상을 떠나기도 한다.
　통상의 예를 보면 아내가 남편보다 나이가 어리고, 동갑이라 할지라도 아내가 더 오래 사는 게 사람의 수명이다. 그런데 아내가 먼저 가버리니 홀로 남은 남편은 기막혀 통곡한다. 남녀 간의 성격과 습관을 보면, 아무래도 남자가 먼저 가는 것이 순서이다. 여자는 홀로 남아도 생활을 잘 꾸려나가지만 남자는 뭔가 초라해지고 청승맞다.

평소 사랑 표현을 잘 못하는 남편은 아내가 죽어서야 후회가 파도처럼 밀려온다. 추사 김정희(秋史 金正喜)도 그런 부류의 사람이다. 그는 제주도 귀양살이를 하던 중 아내의 부음을 사후 한 달 뒤에 접한다. "세상에 이럴 수가." 약 한 첩, 옷 한 벌 제대로 해주지 못하고 평생을 고생만 하던 아내였다. 가슴에 한이 되어 시 한 편을 쓰니, 그 이름이 〈유배지에서 아내의 죽음을 맞이함(配所輓妻喪, 배소만처상)〉이다. 대학 수능 시험에도 출제된다.

> 어떻게 하면 장차 월하노인에게 하소연하여
> 다음 세상에는 우리 부부 바꾸어 태어날까
> 내 죽고 당신이 천 리 떨어진 곳에 홀로 살아
> 그대에게 이 비통한 마음 알게 할 수 있을까?[*]

---

[*] 전경원, 《우리 문학이 전하는 향기와 미덕》, 도서출판 장해, 2009, 236쪽 참조.

여기에서 월하노인은 부부의 연을 맺어주는 전설적인 사람이다. 그 월하노인에게 부탁하여 다음 세상에는 남편과 아내를 바꿔 태어나고 싶다고 말한다. 그래서 아내의 죽음에 남편의 가슴이 찢어지게 아프다는 마음을 표현하고 싶은 것이다.

살아남은 사람의 고통이 얼마나 큰 것인가를 먼저 떠난 부인에게 알게 하고 싶다. 추사는 마음속에 담아두었던 말, 사랑하는 아내에게 꼭 해주고 싶었던 말을 차마 못 한 채 떠나보낼 수밖에 없었기에 그토록 가슴 아파했을 것이다. 이 시는 '아내의 죽음을 슬퍼하여 지은 시'를 말하는 도망시(悼亡詩)의 대표 격이다.

추사가 누구인가? 금석문의 대가(大家)로 높은 학문으로 이름을 떨쳤으나, 파벌에 휘말려 고초를 겪었다. 옥에 갇혀 고문을 심하게 받아 생명이 위태로워지자 친구인 우의정 조인영이 추사를 살리기 위해 상소를 올려 제주로 유배를 가게 했다. 죽기 전날까지 붓을 놓지 않았으며, 평생 벼루 10개를 구멍 내고, 붓 1,000자루를 닳게 했던 것으로 전해지고 있다.

저 유명한 국보 〈세한도(歲寒圖)〉는 제자인 이상적이 북경의 귀한 서책을 유배지에 보내오자 고마워 추사가 그려준 그림이다. 세한(歲寒)은 "날씨가 추워진 후에야 소나무와 잣나무가 시들지 않음을 안다(歲寒然後知 松柏之後彫也)."는 말에서

나온 것으로, 사람의 지조와 절개, 충절을 나타낸다.《논어》
〈자한〉편에 나온다.

추사도 아내와의 사별(死別)에 이처럼 슬퍼한 것을 보면, 아내의 고마움을 평소에는 잘 모르다가 죽어 혼백(魂魄)이 되어서야 비로소 정신을 차리고 깨닫게 되었는가 보다. 알고도 가난하고 미안해서 말을 못 했을 수도 있다.

아내를 먼저 보내고 남은 남자 한 사람의 삶은 고독하고 슬프다. 뒤늦게 가슴을 치고 땅을 쳐본들, 간 사람은 돌아오지 않는다. "평소에 좀 더 잘해줄걸." 하며 후회한다. 소리쳐 이름을 불러도 대답이 없다. 아내가 아플 때 제대로 간병 못 한 것이 마음에 걸린다.

"살아평생 당신께 옷 한 벌 못 해주고, 당신 죽어 처음으로 베옷 한 벌 해 입혔다."라는 도종환 시인의 시 〈옥수수밭 옆에 당신을 묻고〉의 한 구절은 눈물 없이는 읽기 어렵다. 사별(死別)로 인한 이별은 사람으로서 어찌할 수 없는 운명인데도, 당신을 떠나보낸 남편은 처연하기 짝이 없다.

나이가 차면 죽음에 관한 이야기는 특별한 소재가 아닌 일상의 대화가 되기도 한다. 삶과 죽음에 대해 두려워하는 나이가 아니라, 지켜보는 입장으로 성숙해 있다. 죽음이 가깝게 다가왔기 때문이다. 나는 무조건 내가 아내보다 먼저 가야 한다고 생각한다. 나이도 많지만, 여성의 수명이 남성보다 길기 때문이다. 하여 남자가 먼저 가는 것이 모양이 좋다. 남자 혼자 남아 생활한다는 것이 참으로 궁상맞고 처량하다.

 나는 내가 갈 때쯤이면 나 스스로 죽음을 알 것 같다. 고승(高僧)이나 도인(道人)은 아니지만 뭔가 느낌이 올 것 같다. 몸에 이상이 오고 정신이 혼미하면 떠나기 위한 전조(前兆)라는 것을 알아야 한다.

 지금의 심정으로서는 죽음에 대해서는 별로 두려움이 없다. 누구나가 이 세상에 왔다가 가는 것이다. 죽는 것이 아니고 본시 나온 곳으로 돌아가는 것이다. 두려워할 이유도 없고, 두려워해서도 안 된다.

 내가 먼저 떠나면 아내 혼자 잘 살 수 있을까? 평생 바깥일은 내가 해왔는데 그런 것을 뒤늦게 배워가면서 해낼 수 있을까? 하는 걱정이 든다. 그래서 나는 아내에게 자동차 셀프 주유도 가르치고, 얼마 되지 않은 예금이지만 오래전부터 공유하며, 배분하여 관리하고 있다. 아마도 시급한 상황이 온다면 모두 인출하여 아내 통장으로 옮기지 않을까 한다.

 나는 늘 '아내가 남편인 나 하나 보고 시집왔는데, 서운하게 하면 안 되지, 세상이 아무리 혼탁해도 조강지처 버리고 잘되는 꼴 못 봤다'라고 생각하는 쪽이다. 일부러 하는 소리가 아니고, 늘 그렇게 생각해 왔다. 자랑도 아니고 흠도 아니다. 아내는 나에게 '시집을 온 것'이지, 내가 '장가간 것'은 아니다. 그렇다면 내가 호스트이고, 아내는 모시는 손님이다. 당연히 손님은 잘 모셔야 한다. 불문가지(不問可知)가 아니겠는가?

나의 부모님은 한날한시에 가셨다. 어머니가 가신 지 이틀 만에 아버지가 가셔서, 장례를 함께 치렀다. 불가에서는 두 분이 49일 안에 가시면 함께 간 것으로 간주한단다. 어머니 혼자 가시는 것을 안타깝게 여겨 아버지가 붙잡고 계시다가 함께 가신 것으로 생각한다. 두 분이 사이좋게 화장장의 불화로에 들어가셨다. 세상 사람들은 "두 분의 사이가 좋아, 서로 잊지 못하고 함께 간 천생연분"이라고 했다. 하여 아내는 갑자기 '봉양 졸업'을 하게 되었다.

내가 부모님의 DNA를 물려받았다면 비록 아내가 손해 보더라도 함께 갈 수도 있을 것이다. 그러나 나는 그런 은덕이 온다 해도 거절하고, 나 혼자 가기를 바란다. 아내는 나보다 훨씬 늦게 와야 나의 마음이 편하다. 그러니 지금 살아 있을 때 잘 지내는 것이 중요하다. 그것으로 나는 족하다.

살아 있을 때 미리 써둔 유언장

 살아 있는 동안에 유언장을 미리 써둔다면 삶이 어떻게 달라질까? 써보지 않아 잘 모르겠지만 좀 경건하고 조심스러워질 것 같다. 우선 유언장의 내용대로 삶을 마무리해야 한다는 책임감이 들겠다. 아내와 아이들에게 모범을 보이기 위해서 나름대로 노력할 것 같기도 하다. 그런데 막상 쓰려고 하니 쓸 말이 없다.
 흔히들 유언장이라고 하면 "재산을 어떻게 분배한다."라는 등 좀 굵직한 내용이 들어 있어야 하는데, 나는 그런 것이 전혀 없으니 쓸 게 없다. 그렇다고 안 쓰자니 서운하고, 쓰자니 쓸만한 게 없고 난감하다.
 자료를 찾아보니 대략 이런 말들이 안내되어 있다. "삶을 정리하고 사랑하는 사람들을 위해 최선의 준비를 하는 과정"
이라고. 소소한 것이라도 고인의 뜻을 후손들이 살펴 모실
수 있도록 쓰면 된다는 것인가 싶었다. 소설가 채만식(蔡萬植,
1902~1950) 선생의 유언장이 소개되어 있다. 요점을 정리하
면 이러하다.

> 상여는 리어카를 쓰고, 화장하되 유골은 바다에 뿌려달
> 라. 산야에서 자연화를 꺾어 상여에 써달라. 화장시설이
> 없으면 부득이 공동묘지로 지장(地藏)하되, 되도록 화장
> 으로 하고. 유골은 바다에 띄우는 것이 원(願)이나, 아(兒)
> 등이 장성하여 섭섭해할지 모르니, 계남리 할머니 산소
> 앞 서편 다복솔 밑에 매(埋). 음악, 만장(輓章)은 무용(無用).*

설명하면 시신은 화장하고, 관은 리어카에 싣고, 산야에 흐
드러지게 피어 있는 꽃을 꽂고 상여가 나가되, 유골은 바다에
띄워주길 바란다. 그래도 자손들이 커서 서운해할지 모르니
할머니 산소 아래 묻어달라. 만장은 하지 말라.
  꽃을 돈 주고 사지 말고, 들에 핀 꽃을 쓰고, 바다가 좋으나
여의치 않으면 화장하여 땅에 묻어달라. 소리 내며 슬퍼하지

---

* 김태완 기자,《월간조선》참조, kimchi@chosun.com, 2015.11.27.

도, 울지도 말고 상여에 깃발도 꽂지 말고 소박하게 해달라는 당부이다. 유언장이 가슴에 꽂혔다.

나는 유언장을 내 눈으로 보고 싶어 군산에 있는 채만식 문학기념관을 2025년 1월 찾았다. 그런데 남겨진 문헌이 없다고 했다. 단지 문학관 입구 표지석에 다음과 같은 유언 일부가 새겨져 있었다.

나 가거든

나 가거든 손수레에 들꽃 가득가득 날 덮어주오
마포 한 필 줄을 메어 들꽃 상여 끌어주오

― 채만식 유언문 중에서

손수레는 손으로 끄는 운송수단이다. 리어카로도 해석할 수도 있을 것 같다. 그 시대 리어카는 구하기 힘든 장비였다. 들꽃은 야생화(野生花)이다. 그 꽃으로 죽은 나를 덮어달라고 했다. 마포(麻布)는 삼의 껍데기에서 뽑아낸 실이니, 그 줄로 상여를 끌어달라고 했다. 모두 자연에서 나오는 물건들로, 소박하고 담백한 고인(故人)의 성정을 말해주고 있다. 2개 글을 종합하면 유언장의 내용을 짐작할 수 있을 것 같다.

안중근(安重根, 1879~1910) 의사의 유언장은 경건하고 엄숙하고 비장하다. 순국 전날 동생들에게 구술(口述)로 남긴 유언장의 요지를 한번 보자.

> 내가 죽은 뒤에 나의 뼈를 하얼빈 공원 곁에 묻어두었다가 우리 국권이 회복되거든 고국으로 옮겨 묻어다오. 나는 천국에 가서도 또한 마땅히 우리나라의 회복을 위해 힘쓸 것이다.
> (중략)
> 대한 독립의 소리가 천국에 들려오면 나는 마땅히 춤추며 만세를 부를 것이다.*

죽어서도 조국의 독립을 위해 한 몸을 바치겠다는 절절한 구국 혼이 담겨 있다. 안 의사는 1909년 10월 26일 하얼빈역에서 일제 원흉 이토 히로부미를 사살하고 검거되어, 수감생활을 하다가 뤼순 감옥에서 1910년 3월 26일 순국했다. 그러나 지금까지 안 의사의 유해는 일본이 감추고는 밝히지 않아 찾지 못했으며, 고국에 돌아오지도 못하고 있다.

---

* 서울 남산의 안중근 의사 기념관에 전시되어 있는 유언문.

이제 나의 유언장을 한번 써보자. 요지만 쓰는 것이므로 일단 참고용이며, 진짜로 쓴 것은 아니다. 돌아가신 부모님에게는 자식이 유언장을 쓰는 게 불효일 것 같아 다음과 같은 심중(心中)의 인사만 올릴 생각이다.

아버님 어머님, 잘 계시는지요. 뵙고 싶습니다. 두 분 가신 지 10년 세월이 훨씬 지났건만 얼굴은 오늘 아침에 뵌 듯 선명합니다. 살아 계실 제 잘 모시지 못하고, 불효하여 그 죄가 막심합니다. 부디 바라건대 그곳에서 마음 편히 잘 지내십시오, 이승에서는 당신의 손녀가 결혼하여 남아 쌍둥이 증손(曾孫)을 낳고 잘살고 있으며, 그렇게 귀여워하시던 손자는 장성하여 어엿한 중견 회사원으로 근무하고 있습니다. 가족과 친지 등 다 무고합니다. 그곳은 몸 아픈 걱정은 안 해도 되겠지요? 그래도 건강 조심하십시오. 다시 인사드릴 때까지 안녕히 계십시오.

다음으로 사랑하는 나의 평생 반려자 아내이다.

사랑하는 부인, 늘 감사하고 미안하오. 박봉의 사람에게 시집와 고생하셨소, 정말로 미안하오. 평생 시부모님을 모시고 산다고 얼마나 고생 많으셨소. 나는 그 은혜를 흙이 눈에 들어가 죽어서라도 잊지 못할 것이오. 누구보다 착하고 마음씨 곱고, 예쁜 부인이었소. 나에게 무슨 처복(妻福)이 있어 이처럼 아름다운 부인이 왔단 말이오. 천지신명께 감사드리오.

내가 먼저 가더라도 너무 서운해하지 말고, 인생과 자연의 섭리가 그러하거니 생각하면서 천천히 뒤따라오시오. 우리 둘 다 생사불이(生死不二)라고 말하지 않았소. 어디에 있든 늘 함께 있거니 생각하시오. 참, 다시 태어난다면 나와 결혼하겠다고 한 약속은 꼭 지켜주기를 바라오. 너무 염치없는 욕심이라도, 옛정을 생각하고, 그래도 "쓰던 물건이 낫지 않겠나." 하면서 부디 받아주시소. 사랑하고 미안하오.

이제 딸과 아들이다.

사랑하는 딸, 아들, 엄마와 아빠는 늘 너희들이 희망이었다. 너희는 지금까지 커 오는 동안 효도를 다 했다. 너희들이 있어 즐거웠고, 행복했다. 엄마 아빠의 딸과 아들로 태어나 준 것이 너무 감사했다. 아빠는 너희들에게 풍족하게 못 해준 것이 늘 마음에 걸렸다. 딸 중국 공부하러 갈 때 좀 넉넉한 지원을 하지 못하고, 외국에 보내 영어 공부를 시켜주지 못한 것이 참으로 미안하다.

이제 떠나는 아빠는 남겨줄 게 별로 없어 또 미안하다. 아들은 비록 떨어져 살더라도 엄마를 잘 챙겨드리고, 지금 엄마가 사는 집은 엄마가 가시거든 네가 가지도록 하여라. 딸은 집이 있기에 그러는 것이다. 엄마 아빠가 없는 세상에서 너희 남매만이 험한 세상을 살아가야 한다. 서로 의지하며 돕거라.

내가 아프거든 연명치료를 하지 말고, 병고(病苦)가 심해지면 즉시 요양원으로 옮기고, 부음(訃音)이 올 때까지 면회 오지 말 거라. 장례는 간소하게 치르고, 화장하여 하동 송림 백사장 앞 섬진강물에 뿌리거라. 아버지가 보고 싶거든 섬진의 백사장에 와서 흐르는 강물을 바라보아라. 어딜 가더라도 너희들이 너무나 그립고 보고 싶을 것이다. 그러면 안녕.

유언장을 대충 썼는데, 훗날 진짜로 쓸 때는 눈물과 함께 쓸 것 같다. 그래도 나는 울지 않고, 울면서도 웃을 것이다. 세상에 태어나 비록 출세하지 못했지만 나쁜 짓 하지 않았고, 부모님 평생 모셨고, 아내 사랑하고, 아들딸 키웠으니 말이다. 세월이 흘러 언젠가는 이승의 소풍을 마치고 저승의 영원한 집으로 웃으며 돌아갈 것이다.

고교 동기생 친구의
본인상 부고를 접하고

고교 동기생 친구의 본인상(本人喪) 부고가 톡에 들어왔다. 깜짝 놀라고 황망했다. '아니, 갑자기 웬일로?'라는 의문이 들면서 한편으로는 '벌써 우리도 갈 때가 되었나?' 하는 생각이 들었다. 친구를 보내는 황망함과 슬픔에 앞서 인생의 마감 시간이 다가오고 있구나 하는 느낌이 스쳐 지나갔다.

그래, 세상의 모든 생명체는 때가 되면 간다. 인간과 동물은 물론이고, 식물까지도 수명을 다하면 가는 것이다. 아름답게 꽃망울을 터뜨린 꽃도 시간이 지나면 시들어 떨어진다. 사람은 잘 태어나는 것도 중요하지만, 잘 가는 것 또한 중요하다. 꽃도 낙화(洛花)를 잘해야 명화(名花)다.

허망한 생각이 들었지만 자연의 섭리인데 어찌하랴? 죽음이란 과연 무엇인가? 하는 원초적 의문이 들었다. 태어나는 것이 내 마음대로가 아니라면, 가는 것 또한 내 마음대로가 아니다. 탄생은 순서가 있지만 소멸은 없다.

먼저 간 친구의 명복을 빈다. 친구여, 부디 좋은 곳에서 편안하게 지내시게나. 세상의 이치가 그런 것인데 어찌하겠는가? 다만 자네가 우리보다 조금 일찍 간 것이니 너무 서운하게 생각하지 마시게나. 이런 대화를 나누니 쓸쓸하고 허망하다. 그러나 죽음이 다가오더라도 지금의 인생은 즐겁고 보람있고 의미 있게 살아야 한다.

결국 삶과 죽음은 다른 게 아니다. 둘이 아니다. 생사불이(生死不二) 생사일여(生死一如)라 했다. 삶과 죽음을 별개로 여기지 않는다는 뜻이다. 어차피 이 세상에 잠시 소풍을 왔다가, 날이 저물어 집으로 돌아가는 것이다. 베이컨은 이렇게 말했다. "죽는 것은 태어나는 것처럼 자연스러운 것이다(It is as natural to die as it is to be born)."

인생은 길어야 80~90세로 유한한데 대자연의 섭리는 억겁(億劫)과 영겁(永劫)의 무한한 시간으로 이어진다. 억겁은 겁(劫)이 억 번이나 쌓인 시간으로, 이를 인간계로 환산한다면 4억 3,200만 년이다. 이것이 억만 번이니 인간의 환산으로 계산이 안 된다. 영겁 또한 겁(劫)이 영원히 계속된다는 뜻이니, 도저히 헤아릴 수 없는 무한한 시간이다. 옷깃만 스쳐도 500겁 인연이라 하니 우리들 인간 세계의 인연은 참으로 기묘하다 하겠다.

인연으로 태어나 인연으로 죽는다고 하면 인생은 인연의 연속이다. 경북 금릉군에 이런 이야기가 전해 내려온다. 갑용이라는 사람의 어머니가 갑자기 숨을 거뒀다. 곧이어 집에서 키우던 개가 임신을 하여 네 마리의 강아지를 낳았다.

그중 한 마리가 잘생겼고 예뻐 가족들의 사랑을 한 몸에 받았다. 갑용의 친구가 "이놈은 귀를 세워 사냥개로 썼으면 좋겠다."라고 하였다. 욕심을 낸 갑용이가 강아지의 귀를 가위로 째려 하자, 강아지는 깜짝 놀라 "잉잉"거리더니 도망을 가버렸다.

그날 밤 갑용이는 꿈을 꾸었고, 어머니가 나타나 "이놈아, 그렇게 눈이 없냐? 네가 귀를 째려던 강아지가 네 어미다."라고 호통을 쳤다. "내가 너희 집 도둑을 막기 위해 강아지로 태어났는데 그것도 모르느냐?" 정신을 차린 갑용이는 강아지를 어머니 모시듯 잘 키웠다.

사람이 죽으면, 사후세계 또는 내세(來世), 영계(靈界), 차계(次界)로 불린다. 저승이란 종교적으로 사람이 죽은 뒤에 가게 된다고 여겨지는 세계이다. 종교적으로는 해석에 차이가 있다고 한다. 공자의 제자 계로가 물었다. "사람이 죽으면 어디로 가나요?" 공자는 "사는 것도 알지 못하는데 죽은 뒤를 어떻게 알겠는가?"라고 답했다. 사후세계를 신경 쓸 시간에 현실이나 챙기라는 의미이다. 유교적 차원의 문답이다.

불교에서는 죽음이 끝이 아니고 사후 윤회한다고 여긴다. 영혼이 환생한다고 믿는 것이다. 그러나 개인의 영혼과 자아조차도 실체가 없는 환상이라 여긴다고도 하니, 그렇다면 '무엇이 윤회를 하느냐?'라는 물음에 봉착하고, 이런 현상을 무아(無我)적 이율배반이라고 한단다.

기독교에서는 사후세계에 대한 인식이 명확하여, 천국과 지옥이다. 이후 그리스도에 의한 최후의 심판을 받고 구원을 받으면 이 세상에서 영생을 누리게 된다는 것으로 알려지고 있다. 어느 종교이든 죽음이 곧 종말은 아니라는 의미로 해석되나, 우리네 얕은 지식으로는 심오한 사후(死後)세계에 대한 어떠한 의미도 결론도 부여하기 어렵다. 그저 사는 날까지 생(生)에 감사하고 즐겁게 살 일이다.

영화 〈사랑과 영혼〉은 인간과 영혼의 사랑을 표현하고 있다. 원제는 'Ghost'로 귀신이다. 인간과 귀신과의 사랑인 셈이다. 귀신은 샘(패트릭 스웨이지 분)으로 억울하게 죽게 되자, 애인 몰리(데미무어 분)의 곁을 떠나지 못하고 영혼으로 남아 몰리를 보호한다.

그러나 몰리는 샘을 알아볼 수 없고, 대신 영매(靈媒) 사의 도움으로 둘만의 사랑을 나눈다. 결국 샘의 친구인 칼의 범행을 밝혀내고 복수를 한 후 두 사람은 이별을 고한다. 영매는 죽은 사람의 영혼과 의사가 통하여, 혼령과 매개하는 사람, 무당 또는 박수가 해당된다.

미국의 영화이지만 인간이 죽어서도 영혼으로 남는 것은, 우리의 귀신과 일맥상통하며, 사람이 죽어 짐승으로 태어나는 축생(畜生)의 의미와 일견 닮았기도 하다.

청운의 푸른 꿈을 꾸며 한날한시 같은 고등학교에 입학하여, 3년간 수학하고 고교 시절을 함께 보낸 친구의 죽음은 남은 친구들에게 많은 의미를 던져준다. "우리 나이가 벌써 70에 다다랐구나, 인생은 누구나 왔다가 가는 것이야." 하고 말하는 것 같다. 이미 알고 있는 사항들을 새삼 각인시켜 주었다. 인생은 짧게 보면 짧고 길게 보면 길다.

오늘날 과학적 사고방식이 모든 사고를 주도하고 있지만, 과학이라는 그 자체가 우리의 인생을 정확하게 설명을 못 해 주고 있다. 삶과 죽음은 여전히 신비의 영역이고, 귀신과 영혼, 꿈도 미지의 세계이다.

 이제 동기생들의 연령은 삶과 죽음을 충분히 이해할 만한 나이가 되었다. 이론과 경험을 통해서도 알 만큼 알게 되었다. 따지고 보면 새 생명이라 하여 너무 기뻐하지도 말 것이며, 가는 생명이라 하여 너무 슬프고 아까워할 필요도 없을 듯하다. 인생을 두루 섭렵한 지금, 관조하고 인정하는 수긍의 자세가 적절하다.

 알렉산드로스 대왕의 묘비명에는 이렇게 적혀 있다고 한다. "용기 있게 살고, 영원한 명성을 남기고, 죽는 것은 아주 멋진 일이다." 호기 있는 영웅의 자세답다. 한 번 사는 세상, 누구나가 죽고 사라진다. 예외가 없다. 친구의 죽음에 숙연해지며 생각과 자세를 고쳐 가다듬는다.

 "친구여, 남은 인생 후회 없이 멋지게 살다 가겠네, 친구가 못다 하고 간 인생은 남은 친구가 대신하여 훌륭하게 살겠노라."라고.

쉽고도 어려운 부자지간 관계

　자식은 어릴 때 부모에게 효도를 다 한다. 효도의 의미를 알아서 하는 것이 아니라, 태어나 자라면서 온갖 예쁘고 귀여운 자태와 행동을 통해 부모를 기쁘게 하는 것이다. 아이를 보는 부모의 마음은 세상을 모두 가진 양 흐뭇하고 즐겁다.
　자식들은 부모를 공경하고 효도하며 봉양한다. 특히 우리 조상들은 효를 생활의 근본으로 하면서, 부모 모시기를 하늘같이 했다. 그러나 자식은 나이가 들면서 머리가 굵어지면 사춘기를 겪고 부모와 마찰을 일으키기도 한다. 성년이 되고, 가정을 이루면 부모 곁을 떠난다.
　내 뱃속에서 난 자식이건만 클수록 마음대로 되지 않는다. 품 안에 있을 때 자식이다. 부모 자식만큼 가까운 관계가 어디 있으랴? 촌수로는 1촌이고 천륜(天倫) 혈육(血肉) 관계이다. 하늘의 인연으로 정해져 있는 혈연관계이다. 하지만 때로는 그 관계가 소원해지거나 멀어지기도 한다.

"자식과 골프 두 가지는 내 마음대로 안 된다."는 말은 흔히 들을 수 있다. 내가 생각해도 그럴 것 같다. 골프는 정지된 공을 치는 것인데도 정말로 잘 안된다. 꾸준한 연습이 되어야 어느 정도 수준에 오른다. 자식 또한 부모 마음에 드는 것이 쉽지 않다.

무조건 가르친다고 해서 되는 것도 아니며, 그렇다고 손을 놓고 방관하는 것도 부모의 도리가 아니다. 부모의 눈에는 천하에 귀한 자식이건만, 자식은 그 기대에 부응한다는 보장은 없다. 자식 이기는 부모 없고, 부모의 말을 듣지 않는 자식 또한 잘되지 않는다.

"부자지간불책선(父子之間不責善)"이라는 말이 있다. 부모 자식과는 잘잘못을 따지는 게 아니라는 뜻이다. 서로 옳고 그른 것을 따지다 보면 갈등이 생겨, 마음이 멀어진다는 것이다. 부모가 자식을 가르치려다 서로 감정의 골이 깊어져 인연을 끊는 경우도 생긴다. 우리는 이런 모습을 종종 봐왔다.

맹자(孟子)도 자기 자식을 직접 가르치지 않았다고 한다. 자식을 서로 바꿔 가르친다는 "역자이교지(易子而敎之)" 교육도 나왔다. 아이의 운전 연수를 학원 강사에게 맡기는 경우도 비슷하다. 가르치는 과정에서 서로 상처를 주고받는 상황을 예방하기 위해서다. 아무리 유명 의사라도 가족의 수술은 직접 하지 않는다. 생각이 많아지고 평정심을 잃어, 수술을 망칠 수 있기 때문이다.

나는 그런 측면에서 무척 다행스럽게 생각한다. 두 아이와 별반 다툼이 없고, 장성한 아들과는 편하게 지낸다. 딸은 이미 한 가정의 주부로 쌍둥이 손자의 어머니여서, 특별히 가르치거나 간섭할 상황이 아니다.

아들에게 아쉬운 점이 있다면 "왜 지금까지 결혼하지 않느냐?"이다. 아버지는 빨리 며느리를 보고 싶은데, 잘 안되고 있다. 하지만 결혼은 혼자 하는 게 아니라서 어찌할 수가 없다.

30대 중반이어서 가르치거나 간섭할 나이도 아니고, 간섭한다고 해서 될 일도 아니다. 그냥 본인 의사에 맡겨두는 것이 최선이다. 마찰이나 갈등은 없고, 목욕탕에서 편안하게 등 밀어주는 사이이다.

아버지들의 마음이 다 그러하겠지만 목욕탕에서 서로 등을 밀어줄 때 가장 흐뭇하다고 한다. 나 역시 그렇게 생각한다. 그런 허물없는 사이가 참 좋다. 아마도 결혼을 해서도 이런 관계가 유지되었으면 좋겠다. 두 사람이 노력한다면 가능하리라 본다. 하나 세상에 부자지간 문제만큼 풀기 어려운 것도 없을 것이다. 갈등이나 불화가 있으면 어떤 약으로도 치료하기 어렵다.

나는 사실 오랫동안 아들과의 관계에 많은 신경을 써왔다. 내가 아버지와 허물없이 잘 지내지 못했기 때문이다. 두 사람 모두 꼼꼼한 성격으로 털털한 면이 적었다. 그러다 보니 항상 조심스럽고 어려웠다.

성년이 되어 함께 목욕탕을 가본 기억이 없다. 그런 만큼 이런 현상이 나에게도 '유전적으로' 일어나지 않을까 걱정했었다. 하여 가능하면 아들의 이야기를 들어주고, 간섭을 안 하려고 노력했다. 성적관리도 내가 하지 않았다. 나보다는 엄마가 부드러울 것 같았다.

내 나름대로 신경을 써 지금의 부자 관계가 형성된 것 같아 감사하고, 특히 협조를 잘해주는 아들에게 고맙게 생각한다. 항상 듬직한 모습이다. 아이들과의 대화가 원만하지 못한 친구들의 경우를 보면 남의 일 같지 않고, 잘 풀리기를 바라는 마음이다. 아버지라는 사람은 아들과 바둑 한판을 두거나, 술한잔을 하는 등의 그림을 매우 그리고 싶어 한다. 골프도 가족이 함께하면 참 보기 좋다.

아버지는 언제나 아들을 어린아이처럼 생각하기도 한다. 90대 아버지가 손자를 둔 60대 아들에게 "길거리에서 차 조심해라."라고 당부한다. 그게 부모의 마음이고 심정이다. 집에서는 어린 아들 같지만, 이미 장성한 사회인이다. 혼자서 얼마든지 문제를 헤쳐 나갈 수 있고, 한 가정을 책임지는 가장이기도 하다. 과도한 간섭은 금물이다.

은퇴한 시니어들은 자식의 일에 관한 한 걱정은 하되, 말을 좀 아끼는 여유가 필요하겠다. 무조건 입을 닫으라는 의미는 아니지만, 자식들의 판단과 결정을 가만히 지켜보자는 뜻이다.

부모 자식의 관계가 나빠지면 회복이 참으로 어렵다. 돌이킬 수 없는 상황에까지 이르기도 한다. 재산 문제로 다퉈 고소 고발을 하는 등 법정 싸움으로까지 비화하는 모습을 언론에서 접한다. 그런 보기 흉한 장면들을 우리는 수시로 목격한다. 해결되어도 불씨가 남아 있다. 해결이 되지 않으면 파탄이다. '콩가루 집안'이라는 오명을 둘러써야 한다.

아이들은 부모를 보며 자란다. 일단은 부모가 바른 모습을 보여야 한다. 엄마 아버지가 사소한 일에도 싸움을 하며, 폭력을 행사하며, 갈라서기까지 한다면, 아이의 눈에 어떻게 보이겠는가?

아무리 부모라 할지라도 자식으로부터 외면당하는 경우가

있다. 그러한 불행한 사태를 막으려면 부모가 모범을 보이면서 대화와 소통으로 문제를 풀어야 한다. 지금의 시니어들은 이러한 문제를 진작에 극복했으리라 생각한다. 이제부터는 가족 간의 좋은 관계를 만들고, 서로 의지하고 돕는 분위기 조성에 신경을 썼으면 한다. 그것이 집안 어른으로서 해야 할 의무이자 도리일 것이다. 갈등이나 균열, 불화는 사전에 예방될 것이다. 부자지간의 문제, 참 쉽고도 어렵다.

남편의 역할을 다했는가?

아내와 결혼을 한 게 1984년 가을이니 2024년 가을이 40주년이었다. 오랜 세월 함께 살아오면서 희로애락을 함께했다. 지난 세월을 뒤돌아보니 꼭 한 가지 마음에 걸리는 것이 있다. 아내는 평생을 시부모님을 모시며 살았기에 남편이 '한 가지 걸리는 것'이 있다 하면 당연히 시부모 봉양으로 생각할 것이다. 하지만 아니다.

40년을 함께 살면서 그 흔한 명품백이나 명품 옷 한 벌 사 주지 못했다는 것이다. 아무리 돈이 없어도 40년 동안 한 번쯤은 사 줄 만도 한데, 나는 그것을 전혀 하지 못했다. 마음이야 늘 있었고, 결혼기념일이나 생일 등 기억될 만한 날에 선물해 주리라 계획을 세우곤 했다.

그러나 실행에 옮기지 못했다. 정말로 돈이 없어서인가? 아니면 돈이 아까워서인가? 정답을 내자면 두 가지 다일 것이다. 거기에다 간도 작아 '지르는' 용기도 없었다. 아무리 주머니 사정이 안 좋아도 앞뒤 안 보고 카드로 긁어버리면 끝인데, 그것을 하지 못했다.

까짓것, 해봐야 얼마나 할 거라고? 냅다 지르면 되는 것인데, 바보같이 아무것도 하지 못하고, 말로 때웠지 않았나 생각한다. "미안한데 기회를 한번 봅시다." 정도로 말이다. 기회야 매년 돌아오는데, 실행에 옮기지 못했으니 정말로 '기회주의자'인 것 같다.

아내는 한 번씩 "백화점에 가면 누워 있는 옷만 사고, 서 있는 옷은 사본 적이 없다."라고 되뇌곤 한다. 누워 있는 옷은 시즌이 지나간 값싼 세일 제품이고, 서 있는 옷은 비싼 정품이다.

그래서 아내가 잘 가는 곳은 구제품 가게이다. 거기서는 가마니로 한꺼번에 옷을 사 와, 매우 싸게 판다. 재래시장에 여러 군데 있다. 아내는 이곳을 자주 가다 보니 단골이 되어, 사람들과 친해져 한참이나 놀다 오기도 한다. 그래도 아내는 옷걸이가 좋아 뭘 입어도 맵시가 난다. 이건 자랑이 아니고 자타가 인정하고 있는 사실이다. 진짜로 옷을 아는 사람은 구제가게를 찾는다고 한다.

  시부모 봉양은 거의 운명적인 것으로 생각하고, "지금도 그때 상황이 다시 온다 해도 모시는 마음에는 변함없다."라고 아내는 말한다. 고마운 이야기이다. 그러면 남편으로서는 뭔가 보답하는 것이 당연한데, 40년 동안 제대로 된 선물 한번 못 했으니 남자 쪼잔한 거 치고는 할 말이 없다.

  지금이라도 늦지 않은데 은퇴하고 보니 여유는 더 없어진다. 지난가을 마음먹고 40주년 기념으로 국내 여행을 한번 다녀올까 생각했는데, 장모님 생신과 맞물려 처제와 함께 4명이 경주를 1박 2일로 다녀오는 데 그쳤다.

  "여자 팔자는 뒤웅박 팔자"라고 한다. 여자의 복은 남편에 달려 있다는 것이다. 내가 꼭 그런 남편에 속하는 것 같다. 박봉의 지방지 기자에게 시집와 경제적으로 여유 있었던 때가 한 번도 없었다. 결혼 이후 잠시 시부모와 떨어져 살다가 돌아가실 때까지 모셨으니 아내 고생이 이만저만이 아니었다. 우리 부부는 그래서 외식을 잘 해보지 못했다.

  특히 어머니는 7년 치매를 앓으셨다. 시어머니 똥이 방바닥에 툭툭 떨어지자, 아내는 이를 받느라 걸레를 들고 뒤따르기 바빴다. 그럼에도 늘 웃고, 싹싹하고, 시어머니 말동무가 되어주었다. 돈도 못 버는 남편이 무슨 할 말이 있으랴.

내가 국회 출입 기자로 발령 나 서울로 올라갔을 때는 아내 혼자 시부모님을 모시고 살았다. 나는 하숙을 했고, 아내는 어른들을 모시며 아이들을 키웠다. 그때를 생각하면 정말 미안하다.

나는 결혼할 때부터 아내를 친구로 생각했다. 죽을 때까지 함께하는 영원한 친구이다. 40년이 지난 지금에도 그 생각에는 변함없다. 나이 들면 다 떠나가고 남는 사람은 아내 한 사람뿐이다. 내가 아프면 간병할 사람은 아내이다. 아내가 아프면 남편 말고는 없다.

결혼 당시 주변에서는 "직장 여성을 구해라."라고 조언했지만, 나는 아예 그런 생각이 없었다. 평생을 함께할 아내는 우선 내가 좋아하고 예뻐하고, 사랑해야 하는 것이 제1순위였다. 다른 조건은 전혀 고려하지 않았다.

여동생 친구인 아내는 이런 조건에 부합한다고 나는 생각한다. 마누라를 서방님이 예뻐해 주지 않으면 누가 하랴? 시집올 때 신랑 한 사람 보고 왔지, 누굴 보고 왔겠나? 나의 이런 생각은 결혼 당시나 지금이나 추호의 변함이 없다. 그 정(情)은 변하지 않았는데, 명품 선물이 딱 걸려 유구무언이다. 도저히 체면이 안 선다.

사실 따지고 보면 명품 백이나 옷은 실용적이지 못하고, 단지 허세에 불과하다. 지인의 아내는 남편으로부터 1,500만 원짜리 백을 선물 받았는데 웬만한 곳에는 들고 나가지도 못한다. 혹시 잃어버리거나 긁힐까 해서 집에 모셔다 놓고만 있다. "고가 명품 백을 선물로 받아 갖고 있노라." 하는 소문만 낼 뿐이다.

옷도 마찬가지, 장롱에 걸어놓기만 할 뿐 편하게 입고 나가지 않는다. 그런데도 여성들의 심리는 묘하다. 그런 물건을 소유하고 있으면 기분이 좋아지는가 보다. 하기야 남성들이 명품 차를 선호하는 현상과 비슷할 것 같기도 하다. 그러나 차는 타기라도 하지만 옷과 가방은 모셔놓고 먼지만 닦아줄 뿐이다. 그런데도 이 물건이 남자의 자존심을 건드리니 안 사고는 못 배길 것 같다.

은퇴한 마당에 새삼 돈 벌러 나갈 수도 없고, 오라는 곳도 없고. 어느새 나이 들어버린 이 시니어 아저씨를 불러줄 직장은 만나기 어렵다. 돈이라는 게 참으로 기이하고 우습기도 하다. 평소 아끼다가도 집안에 무슨 일이 생기면 기백만 원이 나가버린다. 어쩔 수 없는 지출이다. 아내의 선물도 그렇게 처리하면 될 것인데, 잘 안되는 것은 왜일까?

그럴 때마다 아내는 "나중에 하면 된다."라고 미룬다. 집안일과 선물은 성격이 다르다는 것이다. 그 나중이 강산이 네 번 바뀌는 세월이 흘러버렸다. 그러나 선물도 받아서 기쁠 때가 있고, 가방도 메고, 옷도 입어 맵시 날 때가 있다. 시기가 지나버리면 가치가 떨어진다. 아무리 좋은 선물이라도 몸이 아프거나 마음이 편치 못하면 반갑지가 않다. 때를 잘 가려야 한다. 40주년이 바로 적기였는데 실기(失機)를 하고야 만 것이다.

그러고 보니 나는 그렇게 좋은 남편은 못 되는 듯하다. 어느 하나 빠진 것이 없는 만점 남편 축에는 들어가지 못할 것 같다. "40년간 남편의 역할을 다했는가?"라고 물어온다면 즉답(名答)을 찾지 못한다. 이를 하루아침에 바꿀 가공할 '선물 폭탄'이 있어야 하는데, 아직은 제조기술이 달린다.

4월이면 아내의 생일, 11월이면 결혼기념일, 축하할 날은 어김없이 다가온다. 축하할 날이야 '물건'만 있으면 정하기 나름이다. 기회를 놓치면 또 연기해야 한다. 그렇다고 '짝퉁'은 살 수 없고. 에라! 이번만큼은 한번 저질러 보자.

며느리를 기다리는 마음

 동년배 친구들을 만나면 주된 화제는 건강과 노년 생활이다. 어느덧 자식들의 혼사 문제는 한물 지나간 듯하다. 주된 이야기들은 첫째도 둘째도 건강이고, 노년 생활에다 죽음에까지 이른다. 자연스러운 전개라고 생각을 한다.
 2~3년 전까지만 해도 아이들 결혼이 주된 화제였으나 그것이 점차 건강으로 옮겨져, 이제는 건강 이외의 문제는 별 화제가 안 된다. 사실 나이 들면서 약을 피해 가는 친구들은 거의 없다. 한두 가지 질병은 다 갖고 있다. 암에 관한 이야기도 종종 나와 걱정을 끼치곤 한다. 주로 그런 이야기들로 시간을 보낸다.
 그런데 나는 아직도 아이의 결혼을 생각해야 한다. 혼인 적령기를 넘긴 아들이 있다. 누나는 시집가 쌍둥이 엄마가 된 지 오래고, 아들만 미혼으로 남아 있다. 요즘에는 40세 결혼하는 총각들도 제법 많은 것으로 알고 있고, 거기에 비하면 약간의 여유가 있긴 하다.

그러나 아무리 시대적 조류가 그렇다 하더라도 30세가 되면 결혼을 해야 한다고 나는 본다. 아들에게 추궁은 안 하지만 늘 소식이 기다려진다. 나의 인생 중 마지막으로 한 가지 남은 숙제인 것이다. 이 문제만 해결되면 그야말로 모든 문제에서 해방되어 우리 부부만의 생활로 돌아가게 된다.

아들이 결혼하겠다고 데려오는 여성은 어떤 사람일까? 당연히 착하고 예쁜 아가씨이겠지 하고 기대를 해본다. 키는 좀 크고, 눈은 크고 쌍꺼풀이 졌고, 성격은 서글서글하고 시원시원한 여성이면 좋겠다. 아버지인 내가 좀 큰 스타일을 좋아하니까, 아들도 그러지 않을까 싶다. 학창 시절 수학을 잘했다는 이야기를 들었으면 좋겠다. 아들이 수학에 약하기 때문이다.

며느리가 들어오면 나는 많이도 예뻐할 것 같다. 며느리를 영어로 'Daughter-in-Law'이다. 인척 관계의 딸이다. 며느리가 아닌 딸이다. 그렇다면 우리 집에 큰딸 한 사람이 들어오는 것이니, 얼마나 기쁜 일인가? 아마도 시아버지로서는 친딸만큼의 사랑을 줄 것 같다. 그런 생각을 하게 되면 언제든

기분이 좋아지고 가슴이 뛴다.

　첫 상견례에서는 사돈 부부 될 분들에게 나는 이렇게 말을 할 것 같다. "아주 기본만 하고 상호 예물 등은 생략하고, 결혼 비용은 아껴서 아이들의 집을 마련하는 데 보태도록 합시다." 그 뒤부터는 별 어려움이 없다. 신랑 신부가 건강하니, 건강한 아이를 낳아 양가의 사랑을 듬뿍 받을 것이다. 아버지는 늘 그런 생각을 하는데 아들로부터의 소식이 없으니, 속이 탈 뿐이다.

　"며느리 사랑은 시아버지" "사위 사랑은 장모"라 한다. 예부터 전해 내려오는 말이지만 정말로 맞는 것 같다. 오지도 않은 며느리를 지금부터 기다리고 있으니 말이다. 며느리와 밥도 먹고 차도 마시려면 돈도 모아놓아야 하는데, 어떻게 하든 비상금을 마련해야겠다. 시아버지가 되어도 며느리에게 훈시는 안 할 생각이다. 굳이 한다면 "잘하고 있다."는 덕담일 것이다. "이래라저래라." 하며 뭘 시키지도 않을 것이다.

　'고부 갈등'이라는 말도 있다. 아내는 전혀 그런 스타일이 아니다. 그래도 상황에 직면하면 어찌 될 줄 모르지만 일단 아내는 믿어도 좋겠다. 며느리 못지않게 보고 싶은 귀한 사람이 손주이다. 물론 쌍둥이 외손자들이 너무 예쁘고 귀엽지만, 아들과 며느리가 낳은 손자 또한 무지하게 보고 싶다. 길을 가다 이런 꼬마 손님들을 보면 예뻐서 몸도 만져주고 손도 잡아본다. 할아버지 모양새가 그대로 나온다.

 손주는 남녀 다 좋다. 둘 중 어느 놈이 먼저 올지 모르니 손자 손녀가 아니고, 통칭하여 손주이다. 성별이 어떻게 되든 귀여워할 것이다. 이놈들이 오려면 좀 빨리 와야 하는데, 늑장을 부리는가 싶다. 그나마 할아버지 근력이 남아 있을 때 와야 업어도 주고, 안아도 줄 텐데, 그래도 헬스 열심히 하면서 기다려야지 어쩔 수 없다.

 며느리 후보는 혼전(婚前)에 장차 시집이 될 남자의 집을 방문하게 된다. 그런데 방문할 때는 '시가 댁'의 정보를 좀 파악하는 게 좋을 것이다. 남자의 출생 연도는 당연하거니와, 띠와 태어난 시(時) 정도는 알아야 하며, 시부모들의 식사 취향이나 취미도 미리 파악하고 있으면 좋지 않나 싶다.

 우리 부부 두 사람은 뷔페 음식을 별로 좋아하지 않는다. 단품 음식을 좋아한다. 예를 들면 김치찌개, 된장찌개, 청국장 등 어머니 밥상 같은 집밥이다. 둘 다 생선회를 좋아하지 않는다. 나는 그러나 고등어나 갈치 같은 생선의 구이는 매우 좋아한다. 아내는 생선구이마저 싫어한다.

 지금 말하고 있는 내용은 언제든지 '시집 면접'의 문제가 될 수 있으며, 사전에 파악해 두면 고득점 획득에 유리할 것이다. 이런 걸 미리 말한다는 것은 시험문제를 누설하는 것과 다름없는데, 나는 그래도 좋다. 답까지 가르쳐 줄 테니 응시만 간절히 바란다. 성적은 A+로 후하게 줄 생각이다.

먼저 며느리를 본 친구들은 해외 출장을 가면 가장 먼저 손주 선물을 사고, 다음은 며느리라고 한다. 손주 선물을 안 사면 큰일 나고, 며느리를 지나쳐도 마찬가지이다. 아내는 그 뒷전이다. 명절이 되면 몰래 용돈을 살짝 주는 것도 시아버지 몫이다. 옛말이 틀린 게 하나도 없다.

TV 드라마의 경우 며느리는 시어머니와의 갈등의 주인공으로 자주 나오는데, 나는 그러한 극본은 좀 자제하고, 긍정적인 면을 보여줬으면 한다. 물론 고부간 갈등도 있겠지만, 고부간은 일단 안 좋게 보는 자세가 문제라고 생각한다. 좋게 보면 좋아지고, 실제 아름다운 장면과 사연이 많이 있다. 알려지지 않았을 뿐이다.

나처럼 몇몇 친구들도 결혼하지 않은 노총각들이 있다. 그들은 "이제 포기했다. 알아서 하겠지."라고 말한다. "아무리 자식이지만 가지 않는 것을 어쩌겠느냐."라고 불평을 털어놓는다. 옛날에는 늦어도 30세가 되기 전에 장가를 갔는데, 지금 같은 결혼 기피 현상은 경제문제와 육아 때문이 아닌가 싶다. 이런 문제는 개인보다도 국가적 차원에서 대책을 마련해야 할 것 같다. 각종 대책이 쏟아지지만 잘 안 풀린다.

　아무리 만혼, 비혼이 많다 해도 부모의 마음은 여전히 며느리와 손주를 기다린다. "꼭 빠른 시일 내에 볼 수 있겠지."라며 고대한다. 기다림도 그리워서 하는 것, 그만큼의 보람이 있을 것으로 기대한다.

할아버지 할머니의 손주 사랑, '조부모삼락(祖父母三樂)'이 이를 두고 말하리?

맹자는 군자의 세 가지 즐거움을 군자삼락(君子三樂)이라 하였다. 양친이 살아 계시고 형제 무고함이 첫 번째 즐거움이요, 우러러 하늘에 부끄럽지 않은 즐거움이 두 번째요, 천하의 영재를 얻어 가르치는 것을 세 번째 즐거움이라 했다.

나는 군자가 아니어서 삼락을 가지기 어렵지만, 손자 손녀 사랑에 있어서는 뒤지지 않는다고 생각한다. 예부터 손주 사랑은 할아버지 할머니라고 했다. 손주는 제 뱃속에서 나온 자식보다 더 예쁘고 사랑스럽다.

하여 나는 손주에 대한 세 가지 즐거움을 '조부모삼락(祖父母三樂)'이라고 명명해 본다. 첫 번째 즐거움이 손주가 태어나고 재롱을 부리는 것이요, 두 번째는 손주가 자라 말을 하고,

글을 깨치는 것이요, 세 번째는 손주가 장성하여 결혼하는 것이다. 참으로 보람 있고 기분 좋은 즐거움이다.

조부모의 손주 사랑은 깊고 넓고 숭고하다. 맛있는 음식이 있으면 감춰놓았다가 살짝 준다. 할머니가 할아버지 밥상보다 더 신경 쓰는 것이 손주 밥상이다. 할아버지 혼자 있으면 반찬은 김치 나부랭이가 전부이지만, 손주가 오면 고기를 굽고, 생선을 잡는다 하여 부산하다. 할아버지는 그때 손주 덕에 조금 얻어먹는다. 영감은 뒷전이다.

할머니가 자식들이 명절 때 보내온 용돈을 안 쓰고 모았다가 손주에게 주는 것은 당연지사이다. 할머니가 젊었을 땐 할아버지에게 아양도 떨고 그랬는데, 요즘 손주만 오면 손주를 데리고 따로 자버리니 영감은 한참 밀린다. 옛날에도 근엄한 할아버지일지라도 갓끈을 잡아당기고, 수염을 움켜쥐는 사람은 손주뿐이었다. 그래도 귀엽다. 할아버지 할머니의 손주 사랑은 지극 정성인 것이다.

꿈다락 문화예술학교라는 곳이 있다. 정부와 자치단체가 후원하는 문화예술교육지원사업이다. 이 학교에 등록하는 할아버지 할머니들은 전문 강사로부터 작곡을 배운다. 악보는 전혀 모르지만 배우고자 하는 열기가 뜨거워 좋은 작품들이 많이 나온다. 주 1회, 10주간 무료로 공부한다. 그 작품 발표회가 2024년 가을에 있었다.

평생 중고교 교사로 봉직하다 70세에 등록한 지인은 〈손자 송〉을 작곡하여 발표했다. 혼자서 노래를 부를 때는 몰랐는데, 반주와 함께 전문 성악가들이 합창을 하니 아주 훌륭했다. 할아버지는 "손자는 항상 기쁨과 행복을 주는 사랑하는 존재"라며 "손자들을 사랑하는 마음에서 곡을 만들게 되었다."고 배경을 설명했다.

> (하진이)가 부르는 할머니 소리에, 할머니 가슴은 두근두근 설레고
> (하율이)가 부르는 할아버지 소리에, 할아버지 마음은 기쁨으로 가득
> (하진이)의 웃음소리 할아버지 행복, (하율이)의 노랫소리 할머니의 기쁨
> 우리의 보물(하진이 하율이), 우리의 사랑(하진이 하율이)

손자 송의 가사이다. 괄호 안의 이름은 자신의 손자 손녀이고, 누구나가 손자 손녀 이름을 넣어 부르면 되도록 했다. 그는 "나의 버킷리스트 중 하나가 손자 송을 만드는 것이고, 처음에는 막연하고 걱정되었으나, 좋은 선생님의 지도로 곡을 만들게 되었다."며 "요즘 노년을 위한 좋은 국가사업 프로그

램이 많은 만큼 적극 이용을 바란다."라고 소감을 밝혔다.

30년 공직 생활을 마친 다른 할아버지는 〈개나리 꽃〉이라는 노래를 만들었다. 그는 "선물처럼 찾아온 2명의 손자를 사랑하는 마음을 봄날에 피는 개나리꽃에 비유해 작곡을 했다."라고 한다. 또한 "음악에 문외한이었지만 두 손자가 행복하게 건강하게 잘 살기를 바라는 마음을 담았다."라고도 했다.

귀엽고 예쁜 손자 손녀들이 할아버지들을 작곡가로 만든 것이다. 할아버지 할머니의 손주 사랑은 워낙에 극진하여 〈손자 사랑가〉라는 노래도 있다. 이 노래는 울산 일대에서 예부터 말로 전해 내려오는 구비전승(口碑傳承)의 형식이다. 손자를 어르면서 부르는 노래로, 아이가 자라서 부모에게 효도하고, 높은 벼슬을 바라는 소망과 사랑을 담았다고 전해온다. 노래 중 일부 구절만 한번 보자.

> 사랑 사랑 내 사랑아, 어리 둥둥 내 손자야
> 하늘 같은 내 손자야, 땅같이 넓은 사랑

할아버지 할머니는 아이를 업고 이 노래를 흥얼거리며 달래고 예뻐했다. "사랑하는 내 손자 탈 없이 무럭무럭 잘 자라, 몸 튼튼하고 건강하여 명(命)이 길거라." 할아버지 할머니의 소원이다. 할아버지 할머니 밑에서 자란 아이들은 바른 습관과 태도를 배운다. 어른을 존경하고 부모님의 은혜를 아는 아이로 성장한다. 요즘 같은 핵가족 시대에 옛날 대가족 제도 아래 할아버지 할머니의 따뜻한 훈육의 목소리가 그립다.

조선 시대에도 할아버지가 손자를 직접 키웠나 보다. 양반가 선비 이문건(李文楗)이 16년간 손자를 키운 육아일기인 《양아록(養兒錄)》이 남아 있다. 할아버지는 아들이 먼저 죽자 손자를 직접 길렀다. 손자의 질병 관리에 엄청난 정성을 쏟았다. 천연두에 걸려 고생한 기록도 있다.

아이들은 자랄 때 방학이 되면 할머니 집에 가는 것을 기다린다. 특히 외할머니 집을 좋아한다. 외할머니에게 더 정이 많이 가는 것은 아마도 어머니의 어머니여서 그런가 보다.

시니어도 손자 손녀를 좋아해 어쩔 줄 모른다. 스마트폰 사진은 본인이 아닌 손자 손녀이다. 현역에서 물러난 후 손자 손녀 보는 재미에 산다고 말하는 시니어가 많다. 일부 사람들은 손자 손녀의 일정 관리를 주요 일과로 하고 있다. 아침에 학교나 학원에 차로 태워주고, 오후에 태워 온다든지 하는 것은 기본이다.

엄마 아빠가 바쁘면 병원에 데려가고, 학원도 데려가고, 일거수일투족을 관리한다. 그것이 피곤하지 않고 즐겁다. 할아버지 건강이 좋지 않으면 손자 손녀를 위해서라도 헬스장에 열심히 나가고 운동을 게을리하지 말아야 한다. "은퇴 후 할 일 없다."라고 불평하는 은퇴자들은 〈손자송〉 작곡을 한번 해 보면 어떨까 한다.

  우리 집의 꼬마들은 초등학교 2학년의 남자 쌍둥이다. 요놈들이 이번 주말 외갓집에 온다. 귀한 손님이다. 아직까지는 서울에서 둘이서만은 못 내려와 외할머니가 데리러 서울로 갔다. 며칠 후 만나게 되면 적막강산이던 우리 집은 정신없이 바쁘게 돌아갈 것이다. 웃음과 즐거움이 가득 차게 될 것이다. 벌써 기다려진다.

겨울 새벽 고요한 책 읽기의 맛

찬 겨울의 새벽은 조용하다 못해 고요하다. 지금은 소한이 지난 뒤 얼마 되지 않은 1월 초. 새벽 5시에 눈을 떠 용변 보고, 이를 닦고, 시원한 물 한 컵을 마신다. 간단한 스트레칭과 신문을 일견(一見)한 후 책을 편다.

날이 추워 그런지 사방은 조용하고, 바깥은 평소의 밤보다 더 캄캄하다. 전기가 많이 들어오지 않아 해만 지면 어두워져 지척의 사물도 잘 구분하기 힘든 시골길의 어둠과도 같은 자연의 어두움이다. 띄엄띄엄 켜진 아파트 내 가로등 불빛이 오히려 어둠을 두드러지게 한다. 그 불빛마저 추워 보인다. 숙면하고 난 뒤여서 머리는 맑고 정신은 깨끗하다. 산뜻한 기분이다.

같은 새벽이라도 겨울은 여름의 새벽과는 확연히 구분된다. 여름에는 산책하는 사람들의 말소리, 발소리, 쓰레기 수거 차량의 기계음 등 바쁜 하루 일상의 부산한 시작의 알림음이 들린다. 더울 때도 있다. 그러나 겨울은 차고 조용하다. 어둠만 깔린 침묵의 공간이 연출된다.

　그 침묵의 순간에 나는 불을 켜고, 난로를 켜고, 그리고 책을 편다. 주로 고전(古典)이다. 옛사람들과 만남이 시작된다. 지금처럼 풍부한 전기 공급으로, 환한 밝음 속에서도 글을 읽지 않는 현대인에 비해 옛사람들의 책 읽기는 기적과 같은 일이다. 말이 좋아 등잔불이지, 그 어둠 속에서 어떻게 책을 읽는다는 말인가? 그 놀라운 인내와 독서 열기에 감탄하지 않을 수 없다.

　오늘 새벽 머리에 가장 먼저 들어오는 문장은 옛 선비들의 책 읽기 습관이다. 후한(後漢)의 고봉(高鳳)이라는 사람은 아내가 장 보러 간 사이 마당에 널어놓은 겉보리가 소낙비에 다 떠내려가는 줄도 모르고 책만 읽었다. 아내가 돌아와 발을 동동 굴렀음은 물론이다. 한양대 정민 교수가 집필한 서적 《책 읽는 소리》에 나오는 구절이다.

　책 읽기에 여념 없는 선비의 모습은 좋긴 한데, 집 걱정은 조금도 하지 않는 무심함에는 개인적으로 유감이다. 가장(家

長)이 될 자격도 없는 한심한 사람들이라고 한다면 좀 심한 비난일까? 집안의 당장 걱정은 아예 모르는 채 외면하는 이런 서생(書生)들이 글을 깨쳐 장차 무슨 일을 할 것인가?

이런 바보 같은 사람들은 수도 없이 많았다. 어떤 이는 밭을 갈면서도 책을 보았고, 유배지가 오히려 책 읽기에 좋은 곳이라고 했다. 올곧은 독서광들의 전설 같은 이야기들이다. 양면성이 있겠지만, 현대의 시선에서 바라본다면 그들의 책 읽기는 바보들의 행진이다. 그러나 그런 행진을 통해 나름 진리를 깨닫고 나랏일을 했다.

책은 지식과 지혜의 양식이 들어 있는 보고(寶庫)라고 했다. 하지만, 이런 선비들에게는 잘 믿음이 안 간다. 도통 이해가 가지 않는다. 그래도 글을 잘 썼는지 개인의 문집이 수백 년을 이어 내려오고 있다. 독서삼매(讀書三昧)가 나쁘다는 것이 아니고, 글만 읽고 썼지 가정은 전혀 돌보지 않는 사람들의 행태가 마음에 들지 않는다는 말이다. 가족의 고초를 조금이라도 생각한다면 보리가 비에 다 쓸려 가는 줄도 모르고 책만 들고 있었겠는가? 어찌 되었든 오늘 나의 시선을 당긴 한 문장을 보자.

꽃이 너무 아름다우면 향기가 적고, 꽃이 너무 향기로우면 또한 아름다움이 적다. 그러므로 부유하고 귀한 사람들은 맑고 향기로운 기운이 적으며, 그윽한 향기를 뿜는 사람들은 살아가는 게 몹시도 쓸쓸하다. 군자는 백 대에 그윽한 향기를 전할지언정 한때의 아름다움을 구하지 않는다.*

언뜻 나름대로 해석을 해보건대, 꽃이 너무 아름답지도 말 것이며, 너무 향기도 내지 말 것이며, 하여 중도의 위치가 낫다는 말 같다. 한때의 아름다움보다 오랫동안 은은한 향기를 전하는 꽃이 되고 싶다는 의미로도 해석된다. 우리가 흔히 건배사로 쓰는 화향천리(花香千里) 인향만리(人香萬里, 꽃향기는 천 리를 가고 사람의 향기는 만 리를 간다) 문자와 비슷하다.

이 글을 쓴 사람은 조선 중기 문신인 상촌 신흠(象村 申欽, 1566~1628)이다. 선조 당시 20세에 문과에 급제하여 좌우의정을 거쳐 영의정에 이르렀다. 송강 정철, 노계 박인로, 고산 윤선도와 함께 조선 4대 문장가로 알려졌다. 7세에 부모님을 여의고, 어린 동생과 함께 외조부모 밑에서 컸고, 임진왜란과 정묘호란 등 많은 전란과 정변을 겪었다.

---

* 전국국어교사모임, 《문학시간에 옛글 일기》, 휴머니스트출판그룹, 2014, 94쪽 참조.

7살에 부모를 잃었다는 기록을 보니 나보다 무려 450년 이상 앞서 태어났음에도 가슴이 아프다. "아이들이 부모 없이 얼마나 고생이 많았을까?" 오히려 내가 조부모가 된 심정으로 손자 걱정을 하게 된다. 책은 이런 아픈 사연들을 시공(時空)을 초월하여 가슴으로 전해준다. 이른 아침 내가 옛날 선비인 신흠과 이야기를 하는 것 같다. 나보다 수백 세 나이가 많고, 수백 대 위의 할아버지이지만, 마치 형제간 대화를 나누는 것 같다. 신흠이 63세에 타계했으니 지금 나이로 보면 내가 형님(?) 격이다.

    고전을 읽다 보면 놀랄 때가 한두 번이 아니다. 옛날 종이도 펜도 불빛도 없는 악조건에서 어떻게 글을 배워, 읽고 쓰며, 그 지식을 정사(政事)에 반영했는지 도무지 믿기지 않기 때문이다. 안경도 없었을 터인데 시력을 어떻게 보강했는지 정말로 궁금하다.

    궁금한 내용이 수준이 낮은 너무 세속적인 것이라 부끄럽지만 궁금한 것은 어쩔 수 없다. 450년 전에 이 정도의 글을 써 남긴 게 그저 신기할 따름이다. 그들의 극기와 노력, 천재성을 엿보게 한다. 당대의 문장가로 이름을 날렸던 정철, 윤선도, 박인로에 대해서도 문헌을 찾아 읽어보게 된다. 교과서에서 많이 들었던 이름들이지만 다시 만나는 듯한 느낌이다.

새벽의 맑은 정신의 책 읽기는 머리에 읽은 대로 쏙쏙 들어온다. 스트로우로 물을 빨면 그대로 빨려오듯이 고스란히 나의 뇌 창고로 들어간다. 잊어버리지 않을 것 같다. 책을 읽고 덮은 뒤에 그 내용이 기억에 남으면 산 독서요, 잊어버린다면 죽은 독서라고 했다. 나는 새벽의 독서를 통해 산 독서를 하고 있는 셈이다.

책에 빠져 한참을 보내면 어느덧 여명이 비치면서 서서히 어둠이 걷힌다. 어둠의 시간이 좀 더 있었으면 좋으련만 하는 생각도 든다. 아침 시간은 이처럼 맑고 깨끗하고, 고요하다. 여름 새벽은 시원하고 상쾌하고 맑아 산책을 한다. 반면 겨울의 아침 산책은 심장이 약하거나 혈압이 있는 사람에게는 금물이다. 사고의 위험도 도사리고 있다.

그래서 따뜻한 집에서 명상을 하는 것과 같은 고요함 속에서 책장을 넘기며 새로운 지식을 얻게 된다. 여름은 여름대로, 겨울은 겨울대로 새벽의 맛이 이처럼 다르다. 그동안 겨울보다 여름을 훨씬 좋아했는데 다음 겨울부터는 여름보다 겨울을 더 좋아할지도 모르겠다. 책 읽기 때문이다.

책을 읽으면서 좋고 마음에 드는 문장이 나오면 나는 그것을 노트에 옮겨 적는다. 그리고 때때로 노트를 본다. 생각이 날 때도 있고, 안 날 때도 있지만 늘 새롭고 반갑다. 내가 좋아서 옮겨 적은 문장이기에 언제 읽어도 좋다. 좋은 문장을 다시 옮겨 적어 때때로 읽으면 다른 사람이 적어주는 것처럼 새로움을 선사한다. 책 읽기에 따라 오는 또 하나의 즐거움이다.

은퇴 후 나의 열 가지 즐거움

　옛 선비들은 문집을 남기면서 자신의 즐거움을 말하곤 했다. 집안 형편은 어렵고, 천정이 구멍 나 빗물이 방 안에 떨어지는 다 쓰러져 가는 누옥(漏屋)에 살면서도 글을 읽으며, 즐거움이라 했다. 요즘 생각하면 모자라도 한참 모자라는, 가장(家長) 구실을 못 하는 사람들이지만, 그때는 그게 선비의 체면이었던 모양이다. 그래도 마음속 여유가 있었으니 즐거움으로 볼 수 있다.

　일로부터 완전히 떨어져 은퇴한 지금, 나의 은퇴 생활의 즐거움 열 가지를 한번 추려보았다. 나는 2년 전에 낸 책《나의 인생, 나는 나대로 산다》에서 시간과 일, 생각과 복장 등 네 가지를 은퇴의 자유로움이라고 말한 바 있다. 그 생각은 지금도 변함없고, 이를 열 가지 즐거움에 포함시키려 한다.

첫째로, 시간으로부터의 자유로운 즐거움이다. 24시간이라는 하루의 시간을 내 마음대로 넉넉하게 쓸 수 있다는 것이 얼마나 편안한지 모르겠다. 이는 곧 내가 하고 싶은 것을 내 마음대로 하는 것을 말한다. 내가 자유인이 되는 것이다. 은퇴자의 여유 있는 시간은 그 시간을 유용하게 잘 쓸 때 가치가 있다. 자유스럽고 충분하게 쓰며 생활한다는 것은 곧 소소한 일상의 행복을 느낀다는 말이다. 이른바 '소확행(일상에서 느끼는 작고 소소하지만 확실한 행복)'이다. 시간에 쫓기지 않는 것, 은퇴자의 축복이자 즐거움이다.

두 번째로, 생각으로부터 해방되는 즐거움이다. 회사 생활을 할 땐 생각 자체가 회사에 매달리는 경우가 많았다. 생각은 나 혼자 하는 것이어서, 무슨 생각을 하든 노출되지 않지만, 속을 들여다보면 회사나 업무 생각으로 꽂혀 있다. 그런 생각의 경직함에서 일탈하여 내 마음대로 사고를 하는 순간 머리는 깨끗하게 정리되는 홀가분한 기분이 된다. 특정한 생각이 없고, 편안하다는 것, 큰 즐거움이다.

세 번째로, 복장으로부터 자유롭게 해방되는 즐거움이다.

흰 와이셔츠에 넥타이, 양복, 구두를 신지 않아도 되는 사소한 행복이다. 별것 아닌 것 같지만 편안한 즐거움이다. 복장이 편안해지니 정신도 육체도 편안해지는 것 같다. 양복에 넥타이를 매면, 복장 자체가 나를 옥죄는 듯하다. 그것을 털어버리니 자유스러운 느낌이다. 캐주얼 차림은 사람을 젊게 보이게 한다.

네 번째로, 일(직장)로부터의 해방되는 즐거움이다. 사실 첫 번째 즐거움으로 들어가야 하지만, 직장을 떠난 지 상당 시간이 흘러 순위에서 좀 밀린 듯하다. 매일 출근하여 나를 포기하면서까지 일과 회사에 얽매여 대가를 창출해야 하는 책임감과 의무감이다. 이면(裏面)에는 불안과 긴장, 경직, 초조가 동반된다. 스트레스이다. 일로부터 손을 떼자 곧바로 자유이다. 가장 중요한 즐거움이라 할 수 있다. 은퇴해서도 일을 하고 싶어 하는 사람도 있으나, 나는 '쉬는 일'을 하고 싶지, 스트레스를 받으며 '돈 버는 일'은 하고 싶지 않다.

다섯 번째로, 아침 시간의 글 읽기와 글쓰기이다. 특별히 이런 습관을 갖자고 한 것은 아닌데, 나도 모르게 아침의 일로 굳어져 버렸다. 이른 아침 눈을 떠 양치하고 물 마시고, 라디오 켜고, 신문 간단히 읽고, 스트레칭하고, 그리고 아침 식사 전까지 1시간여는 글 읽기와 글 쓰기다. 머리가 맑아지고 글의 내용이 머리에 쏙쏙 들어온다. 진작에 이런 습관이 뱄다면 문재(文才)로 이름을 떨칠 수 있었을 터인데, 나이 들어 뒤늦게 무슨 변덕인지 모르겠다. 이런 습관에는 치매 예방에도 좋다고 하니 계속해야겠다. 아침 시간의 큰 즐거움이다.

여섯 번째로, 쌍둥이 외손자들과의 대화이다. 방학이 되면 서울서 내려와 일주일 정도 머무르며 지낸다. 벌써 초등학교 2학년이다. 상당한 어휘 능력을 갖췄고 수준 있는 대화가 가능하다. 논리도 있어 이유 없는 지시나 나무람에는 바로 반격이 들어온다. 목욕탕에 데리고 가 때 밀어주고 나와서 삶은 계란을 소금 찍어 먹을 땐 참 즐겁다. 70세 할아버지와 9세 손자와의 대화는 늘 기분 좋고 흐뭇하다. 귀엽고 예쁘다. 그래서 한 번씩 이 녀석들 보러 서울로 올라간다. 집에서는 영상통화를 한다. 볼 때마다 달라져 있어 깜짝깜짝 놀란다. 대단한 즐거움이다.

일곱 번째로, 가족 간의 격의 없는 소통이다. 나는 비교적 아내와 대화를 많이 하는 편이다. 식사 후 밥상머리에 앉아 이것저것 이야기를 나눈다. 서로 알고 있는 모든 것을 공유한다고 보면 맞다. 아들은 혼자 독립해 있어 전화 통화로 안부를 묻는다. 어려운 게 부자(父子)지간인데 우리의 경우 그렇지 않고, 친구처럼 대화한다. 나는 아버지가 살아생전 늘 어려워, 내 자식과는 잘 지내야겠다고 간절히 바랐는데, 결과가 좋아 정말 다행이다. 딸은 통화 시간이 없어 카톡으로 의견을 교환하고, 만나면 맥주 한잔을 함께하면서 소통한다. 딸의 성격이 대범해 친하기는 아들과 별반 차이가 없다. 나는 가족 간의 소통과 대화를 중요한 즐거움으로 생각한다.

여덟 번째로, 매주 금요일 고교 동기들과 함께하는 둘레길 산행이다. 모두 5명으로, 오전 10시 넘어 만나 2시간여 동안 성주사 둘레길 걷기를 하고, 점심을 한다. 생각이 서로 비슷하여, 산행 중 '노가리(수다)'를 마음껏 깔 수(말을 마음대로 함) 있어 정말로 즐겁다. 안주는 주로 정치인이다. 주 1회이지만 꾸준히 걸으니 다리가 튼튼해지고, 우정도 깊어지는 듯하다. 점심은 아직 현역 사업가인 친구가 1년 내내 사고, 차(茶)는 나머지 4명이 교대로 산다. 고마운 일이다. 금요일은 기다려지는 요일로 즐겁다.

아홉 번째로, 매주 수요일 하는 수요 탁구 게임이다. 수요일 오전 10시에 동네 주민센터 탁구장에 클럽 회원들이 모여, 화투짝으로 남녀 간 편을 짜 파트너를 정한 후, 곧바로 게

임에 들어간다. 우승자에 대한 선물도 없고 단지 '우승팀'이라는 칭호와 박수를 받는다. 그런데도 '목숨 걸고 승부한다'는 결전의 마음으로 게임을 한다. 실수를 연발하며 웃음과 괴성이 허공을 가른다. 게임 후 샤워를 하고 점심 식사를 한다. 꿀맛이 따로 없을 만큼 맛있다. 맥주, 소주도 한잔 곁들인다. 정말 재미있는 시간이다. 회원들은 수요일을 학수고대한다.

열 번째로, 매일의 한가로움이다. 현직에 있어 일과 사람에 파묻혀 있을 때는 나를 모르고, 정신이 없었다. 친구 만나기도 힘들었다. 스트레스에 시달렸다. 이제 일로부터 벗어난 지금, 바쁘지 않고 여유롭다. 차 익어 향기 맑을 때 친구가 찾아오면 기쁘다. 새 울고 꽃이 진다 해도 내 마음은 유유하다. 편안한 한가로움과 그 한가로운 시간에 친구가 찾아주니 더욱 기쁘다. 설령 찬 겨울이 되어 꽃이 진다 해도 그 시간은 아름답다. 날마다 나름대로 바쁘면서도 마음의 동요가 없는 유유자적과 한가로움이 있다. 편안하고 한가로운 즐거움이다.

시니어의 편지

나이 드니 아버지를 닮아가더라

    저는 어렸을 때부터 청년기에 이어, 결혼을 하고 40대에 이를 때까지 아버지를 닮았다 하는 소리를 한 번도 들어보지 못했습니다. 얼굴 어느 구석에도 아버지의 흔적은 없었지요. 저는 얼굴이 넓고 납작한 편이었고, 아버지는 좀 좁고 길쭉하셨습니다. 제가 봐도 닮지 않았죠. 그러던 것이 50대에 들면서 "아버지 얼굴이 보인다."는 가족들의 얘기를 듣기 시작했습니다.
    가족들이 보여주는 저의 사진을 보니 아버지의 모습이 완연히 나와 있었습니다. 지금은 상당히 닮은 구석이 많아 보입니다. 나이 들면 본 얼굴이 나온다고 하더니, 제가 그런 모양입니다. 어차피 부자는 닮는가 보죠. 아버지와 나, 두 사람

모두 성격도 꼬장꼬장하여, 성묘하러 시골의 집안 형님 댁에 가면 "아버지를 빼 쐈다."라고 형님들이 말합니다. 사람의 진짜 DNA는 나이를 먹고 좀 늙어야 나타나는가 봅니다.

어머니와는 지금까지도 크게 닮은 구석을 발견하지 못했습니다. 오히려 며느리가 태도 면에서 시어머니를 닮은 것 같지요. 시어머니의 성격이 꼼꼼히 챙기는 스타일인데, 며느리가 그것을 배워서 닮아진 것 같습니다. 결혼하여 돌아가실 때까지 함께 모시고 살아서 그런 것일까요?

아버지와 어머니는 아들에게 모든 것을 거셨습니다. 누나와 여동생이 있지만, 저만 보고 사셨지요. 아들 나이가 70세가 된 지금, 아들은 돈도, 명예도, 출세도 하지 못하고 부모님의 기대에 부응하지 못했습니다.

부자지간은 가깝다고만 표현하기에는 부족합니다. 나의 피가 흘러 자식의 살이 되고, 나의 뼈로 자식의 몸을 만들어 냅니다. 그런 자식은 수만금의 가치와도 비교할 수 없는 보물입니다. 자식보다 더 귀한 것이 세상에 어디 있을까요? 그러나 나이가 들면서 자식이 자아(自我)에 눈을 뜨기 시작하면 문제가 달라집니다.

대표적인 것이 조선의 영조와 아들 사도세자입니다. 영조는 아들을 42세에 낳아 너무나도 기뻐했습니다. 어렸을 때부터 총명했고 공부도 잘했지요. 그러나 열서너 살이 되면서 두 사람은 엇나가기 시작합니다. 자식에 대한 아버지의 기대가 너무 컸고, 공부에 대한 압박도 거세지자 아들이 반발하기 시작한 것이지요. 혹독하게 대하고, 사소한 잘못도 엄한 질책을 하다 보니 엄청난 스트레스를 받은 것입니다.

새벽에 눈을 떠 밤늦게 잘 때까지 사도는 공부와 왕실 법도에 시달려야 했습니다. 급기야 참지 못하고, 칼을 들고 아버지 거처로 향하는 등 패악질과 난동을 벌이자, 아버지는 세자를 폐하고 뒤주에 가둬 죽이기에 이릅니다. 27세였죠. 지금으로서는 스트레스성 정신질환 증세로 보이는 듯합니다.

사도는 어릴 때부터 어머니와 따로 떨어져 커야 했습니다. "어머니와 자고 싶다."고 보채도 법도에 따라 생모인 영빈 이 씨에게 마음대로 갈 수 없었습니다. 정서적으로 도저히 있을 수 없는 일이죠. 아버지는 66세에 51세 어린 15세 '여인'과 새장가를 가고, 아들을 죽였습니다. 그리고 조선 왕 중 가장 장수한 82세(1694~1776)에 숨을 거뒀습니다.

아들은 죽고 아버지는 초장수를 하였으니 이 무슨 해괴한 운명의 장난입니까? 아들이 죽자 아버지는 눈물 흘리며, 사도(思悼: 생각하니 슬프다)라는 시호를 내렸는데, 죽은 아들은 돌아오지 않습니다. 아들은 뒤주에 갇힌 뒤 8일 만에 굶어 죽고, 숨이 막혀 죽었죠. 뒤주를 밧줄로 묶고, 위에는 떼(흙이 붙어 있는 상태로 뿌리째 떠낸 잔디)를 덮어 숨 쉴 구멍마저 막아버렸습니다. 얼마나 덥기도 했겠습니까? 사도는 차라리 사약(死藥)을 달라고 울부짖었지만 허용되지 않았습니다. 아비로서 도저히 할 수 없는 잔인한 죽임이었습니다. 영화 〈사도〉에 이러한 장면들이 나옵니다.

   선조도 아들 광해군과 사이가 좋지 않았지요. 선조는 자신이 서자 계통으로 방계승통(傍系承統)한 사실이 부담되었습니다. 그래서 후계는 적자 승계할 생각이었으나 정비 의인왕후의 소생이 없었지요. 방계는 직계와 대응하는 개념으로, 공동의 부모로부터 갈라져 나간 혈족으로, 광해군이 해당됩니다.
   이런 와중에 임진왜란이라는 전란이 발발하자, 어쩔 수 없이 비상사태에 따라 정부를 분리하는 분조(分朝)를 운영하고, 광해가 이를 맡게 됨에 따라 세자로 책봉했습니다. 광해는 공빈 김씨 소생으로 서자였습니다. 그러나 계비인 인목왕후가 적자인 영창대군을 낳자 조정은 광해군파와 영창대군파로 대립하면서 복잡하게 되고, 결국에는 광해군이 보위를 잇게 됩니다. 34세였지요. 이 과정에서 선조와 광해군은 많은 갈등을 겪게 됩니다.
   광해군을 내쫓고 왕이 된 인조도 병자호란 이후 조선이 명(明), 청(淸)을 선택하는 정책 결정 과정에서 장자 소현세자와 생각이 달라 부자지간 사이가 벌어지고, 구박받던 세자는 비명횡사하고 맙니다. 차남 봉림대군이 왕통을 이었으니 그가 효종입니다.

　이처럼 일국의 왕도 부자지간 갈등에서 자유로울 수 없습니다. 그만큼 가깝고 어려운 관계가 부자지간입니다. 피를 나눈 혈육이지만 자칫 사이가 안 좋아지면 갈등의 골은 깊어집니다. 어려서부터 잘 가꾸고 소중하게 다뤄야 할 가정 사이지요. 집안의 기둥인 아버지와 아들이 각기 동상이몽이라 한다면 그 집안은 파탄에 이르고 맙니다.
　부자간 원만한 관계를 유지하려면 아버지가 어려서부터 자식을 잘 관찰하고 인정해 주는 태도가 필요합니다. 하나의 인격체로 대우를 해야지, '나의 자식, 나의 소유물' 같은 안이한 생각을 해서는 안 됩니다.
　아들 사도세자를 죽인 영조도 아버지 숙종과 무수리 출신의 후궁 숙빈 최씨 사이에서 태어났습니다. 그는 왕이 되기까지 무수히 많은 위기를 가까스로 넘겼습니다. 누구보다도 왕자의 비애를 잘 압니다. 조선왕조에서 왕이 되지 못한 왕자는 곧 죽음이라는 것을 역사는 증명하지요. 그런데도 정작 아들에게는 매몰찼습니다.

　영조의 생모인 숙빈 최씨의 파란만장한 일대기는 TV 드라마에서도 〈동이〉라는 이름으로 방영되어 시청률이 높았습니다. 세상사 복잡한 것이 많지만 자식 문제는 참으로 어렵습니다. 아버지로서의 위엄과 권위를 갖추고, 넓은 이해와 아량으로 돌봐야 원만한 부자 관계를 형성할 수 있습니다. 지난 역사는 우리에게 부자지간의 관계와 그 어려움을 말해줍니다.

웬만한 가정에서는 아버지와 아들의 관계는 그런대로 괜찮은 편이라고 믿고 싶습니다. 그러나 일부의 극심한 불화가 지상에 보도되거나 전파를 탑니다. 직업도 아버지가 의사이면 아들도 의사, 변호사이면 변호사인 경우가 많습니다. 아버지의 직업에 따라 자식의 직업도 직간접의 영향을 받는다는 것이죠. 주로 라이선스(Licence, 자격증)가 있는 자영업자들이 아버지의 직업을 이어받는 경우가 많은 것 같습니다.

일본의 경우에는 특별한 재능이 없는 한 가업을 승계하여 아버지의 일을 자신의 평생 직업으로 택하는 전통이 뿌리 깊습니다. 50년 이상 역사의 맛집들은 대부분 그러한 경우로 보면 틀리지 않습니다. 전문직인 의사를 하다가도 아버지의 횟집을 이어받는 사람들도 있는 것이 일본이라 합니다. 이런 문화를 어떻게 봐야 할까요?

아무리 부모라도 자식의 일에 관한 한 어떻게 해볼 도리가 없습니다. 조언은 할 수 있지만, 결정은 자식 본인에게 맡길 수밖에 없습니다. "자식 이기는 부모 없다."는 말이 있듯이 참으로 어려운 문제입니다. 인간의 한계인가도 싶습니다.

그런데도 왕가에서는 3~4살 어릴 때부터 제왕(帝王) 수업을 강요하니 아이는 압박에서 견딜 수 없습니다. 스트레스를 받아 미쳐버리는 것입니다. 사도세자는 "내가 왕족인 것이 너무나 후회스럽다."며 보통 사람의 인생을 그리워했다 합니다.

미국의 부시(Bush)가(家)는 부자 대통령을 배출했습니다. 아버지 부시와 아들 부시입니다. 아버지는 41대, 아들은 43대 미국 대통령입니다. 중간의 42대는 클린턴, 44대는 오바마이죠. 이러한 닮은 꼴도 있으니 대단하다고밖에 말할 수 없습니다.

아들 부시는 자라면서 아버지를 보고 배웠을 것입니다. 대통령의 아들로서 나름대로 제왕학을 공부했는지도 모를 일입니다. 아버지의 후광을 입고 좀 더 수월하게 당선되었다는 가설도 성립하겠습니다. 아들이 대통령이 된 후 부자가 백악관에서 함께 찍은 사진이 무척이나 멋지고도 닮았습니다. 부자지간을 떠나 현 대통령과 전 전 대통령이 함께 찍은 역사적인 사진이죠.

우리나라 대통령의 아들은 사법당국의 조사를 받거나 구속되기도 했었는데 미국에서는 보기 힘든 장면이니 우리로서는 좋은 DNA의 부전자전(父傳子傳)이 부러울 뿐입니다. 호부견자(虎父犬子)라 했나요? "아비는 범인데 새끼는 개"라는 뜻으로, 훌륭한 아버지에 자식은 그렇지 못하다는 것이지요. 아비는 자신보다 자식이 잘되기를 바랍니다. 그러나 영조처럼 너무 잘되기를 바라, 무리하면 사달이 납니다.

 타이거 우즈도 아들과 함께 부자 골프대회에 출전하여 이목을 끌었습니다. 아버지와 아들이 아니면 출전이 허용되지 않는 대회라지요. 사실 아들, 딸, 사위 등과 함께 골프를 치면 즐겁습니다. 친구들과 쳐도 정말 재미나는 운동인데, 가족과 어울려 즐긴다면 보기에도 좋고, 재미 또한 최고조에 달할 것입니다.

 나이 60세 중·후반이 되는 시니어들은 자식이 출가한 상태일 것입니다. 늦은 결혼을 하거나 아직 미혼인 경우도 있겠지만, 이제는 자식의 진로를 두고 왈가왈부할 시기는 지났습니다. 되돌아보면 '왜 그렇게 자식에 집착하였던가?' 하는 후회도 듭니다.

 하지만 자식의 성공은 곧 나의 성공이자 가문의 성공이었습니다. 개천에서 용이 나듯 공부 잘하여 고시에 합격하는 것이 인생의 최고 출세로 생각했지요. 사실 그러했습니다. 지금은 직업의 구분이 옛날보다 느긋해졌지만, 판검사나 의사 시험 합격 등은 출세의 증표로서 손색이 없었습니다. 그러기에 너도나도 공부에 매달리고, 시험에 '목숨'을 걸지 않을 수 없었습니다.

    그 시험에 목숨을 걸다 인생을 망친 사람도 부지기수였습니다. 합격과 낙방은 종이 한 장 차이였지만, 결과는 엄청났습니다. 한 사람의 인생행로를 바꾸고, 성공과 실패를 결정하는 잣대로 작용하였습니다.

    하나의 시험이 한 사람의 인생을 이토록 좌지우지한 것이 어디 그리 합당한 일입니까? 그렇지만 시험이 잘못되면 나락으로 떨어지는 현실을 알면서도 포기하지 않을 수 없었던 이유가 있었지요. 합격의 달콤한 유혹입니다.

    사실 이런 행태의 시험이란 합격과 함께 느닷없이 '일확천금'하는 한건주의 성격도 내포하고 있었지만, 많은 자식들이 달라붙지 않을 수 없었지요. 왜냐구요? 부모들이 바라고, 자식 본인들이 바라고, 부모 자식이 모두 바랐기 때문이지요. 자식의 고통을 잘 알면서도 그 길만이 유일한 성공으로 착각한 부모들의 욕심도 숨길 수 없습니다.

    제가 부모가 되면 그러지 않으리라 맹세를 하고서도, 부모가 되면 옛날의 맹세는 까마득하게 잊어버리고, 아이를 닦달하는 게 솔직한 심정입니다. '좋다, 나쁘다'로 판명할 수도 없고, 자식 가진 부모의 피할 수 없는 운명으로 생각해 봅니다.

    사정이 이러하기에 작금의 시니어들은 자식 걱정보다 나

를 걱정하고, 부부 걱정을 해야 하는 게 옳다고 봅니다. "자식은 자식에게 맡기고, 나와 아내를 위한 생을 살아라."라고 당부하고 싶습니다.

| PART 4 |

내가 나를 모르는데
남을 안다고 하겠는가?

남이 나를 알아주지 않는다고 걱정하지 말고,
나의 무능함을 근심하라.
남이 나를 알아주지 않는다고 성을 내지도 않으리.

우리가 세계 1등인데,
정작 우리가 잘 모르고 있다

　겨울철 버스를 기다리기 위해 도심 정류소에 들어가 의자에 앉으면 금방 궁둥이가 따뜻해져 온다. 처음 경험하는 사람들은 깜짝 놀란다. "세상에 의자에도 열선이 설치되어 있구나!" 여름에는 에어컨이 가동되어 시원하다. 정류소에도 냉난방 시설이 설치되어 있는 것이다.
　도심이 아닌 외곽이라도 상황은 달라지지 않는다. 천정만 지붕으로 가리고, 비바람이 그대로 들어오는 노천(露天) 의자에도 열선이 설치되어 있다. 추운 날씨에 버스를 기다리는 승객들에게는 도움이 되고 매우 반갑다. 나는 정류장 의자 열선을 처음 알았을 때 신기하고, 고마워 한참 앉아 있었다.
　우리나라가 이런 곳이다. 세계 어느 나라를 가봐도 이러한 시설이 있는 곳은 없을 것이다. 주민들의 불편을 어쩌면 이렇게 잘 알고 가려운 곳을 긁어주는 편의 시스템을 설치했는지 그저 놀랍기만 하다. 그러나 이것은 빙산의 일각에 불과하다. 기상천외한 시설과 제도, 자연, 전통 등 자랑할 게 너무 많다.

   내가 알고 있는 것들만 한번 나열해 보자. 우선 100% 만족도의 치안이다. 하루 24시간 중 언제라도 마음 놓고 도로를 활보할 수 있는 곳이 대한민국이다. 누구도 시비 걸지 않고, 안전하다. 간혹 사건이 터져 보도되고 경찰이 욕을 먹곤 하지만, 전체 발생 건수를 보면 아주 경미하다. 뉴스의 속성상 크게 보도되는 것이지 실제로 대한민국의 거리는 밤낮 가리지 않고 안전하다. 여성 혼자 새벽 2~3시께 동네나 뒷산 산책을 하며 운동을 해도 무탈한 곳이 대한민국이다.
   공중화장실은 어딜 가나 깨끗하고 화장지가 잘 준비되어 있다. 심지어 클래식 음악에 비데까지 설치되어 있다. 장애인용은 필수이다. 유럽의 선진국들도 공중화장실을 찾기 힘들며, 최소 1유로 이상 지급해야 사용할 수 있다. 아마도 우리나라에서 돈을 받는다면 폭동이 날 것이다.
   공중 체육공원은 어떠한가? 전국의 지자체마다 경쟁적으로 주택가 공원 등지에 체육공원을 만들고 각종 운동기구를 구비하고 있다. 주민들 누구나 기구를 사용하며 운동을 하면서 체력을 다진다. 공짜이다. 돈을 주고 헬스장에 가지 않아도 된다.

주로 새벽에 배달되는 택배 서비스는 아파트 문 앞이나 일반 집 대문 앞에 놓아둔다. 그런데도 수취자 외에는 가져가지 않는다. 외국인들이 정말로 이상하게 생각한단다. 도둑이 없는 나라이다.

지하철과 대중교통은 이미 세계적으로 정평이 나 있다. 지하철은 거의 몇 초 단위의 출발 도착 오차도 허용하지 않는다. 몇 년 전 독일 여행을 갔을 때 기차가 30분 이상 연착되고도 태연한 독일 사람들을 볼 수 있었다. 세계 최고의 기술 강국인 독일도 이 정도인데 우리나라는 정말로 대중교통의 천국이다. 지하철의 경우 만 65세 이상은 무료이다.

명절마다 고속도로가 막혀 주차장이 되는 상황이 나쁜 것인가? 아니다. 우리 민족만이 가진 고유의 미덕이다. 명절을 맞아 부모님을 찾아뵙고, 태어난 고향에서 가족 친지를 만나는 풍경은 아름답다. 집안의 묘소를 찾아 벌초 단장을 하며, 오늘의 나를 있게 해준 조상의 보살핌에 감사하는 것은 우리가 세계적이다. 자랑할 만한 전통과 관습이다. 자식들을 위해 희생한 부모 세대가 있기에 나라가 이만큼 발전하고, 국민 개개인이 잘살게 된 것이다. 대학 진학률이 70%가 넘는 것이

이를 증명한다.

전국 지자체마다 있는 주민센터와 복지관은 각종 취미활동을 할 수 있는 레저스포츠 레포츠 및 휴식 공간이다. 헬스, 탁구, 에어로빅, 라인댄스, 요가, 하모니카, 기타, 노래교실, 서예, 당구 등 다양한 시설들이 완비되어 있다. 노부부들은 이곳에서 2,500~3,000원 정도의 싼값에 점심을 해결하고 취미활동을 하면서 즐거운 노년을 보낸다. 복지관 주변 아파트 가격이 오른다고 한다.

의료보험은 가히 세계 최고이다. 미국의 오바마 전 대통령도 칭찬했을 정도이다. 의료비가 싸고 의료 수준은 세계적이다. 현재의 의료비를 정확히 알 순 없지만, 10년 전만 해도 위장내시경의 경우 우리나라가 20만 원이 안 됐을 때 미국은 300만 원대였다고 한다. 맹장 수술이 30~50만 원 할 때 미국은 1,000만 원대, 머리나 다리 등 중요 수술은 예사로 3,000~4,000만 원대에 달했다고 한다.

아파도 돈이 없으면 치료를 받기 어려운 게 외국이다. 우리 교포들도 의료보험 때문에 귀국하는 사례도 많다. 값싸고 질 좋은 물과 전기도 빠트릴 수 없다. 우리는 의료보험과 물과 전기 등 우리나라만의 제도가 얼마나 좋은지 잘 모른다. 세계 제일이다.

초등학교의 방과 후 돌봄 교실은 영화에서나 봄 직한 최고의 환경이다. 전문 강사가 지도하고, 학용품 일체를 학교에서 부담한다. 이외 인터넷 및 스마트폰 보급률, E스포츠, 여자골프, 성형수술 및 문화, 화장품 등 헤아릴 수 없이 많다. 야외에서 음식도 배달로 시켜 먹을 수 있다. 점심시간 식당가는 여성들로 가득 차고, 커피숍도 사람들로 미어터진다. 언제부터인가 식사 후 커피 한잔은 당연한 코스로 자리 잡고 있다.

자동차도 큰 차를 타고 경차는 아직도 취급을 받지 못한다. 아파트도 40평 이상이 예사다. 일본과 비교할 때 엄청난 격차이다. 일본이나 프랑스 독일 등 선진국들은 주로 소형차를 이용하며, 주거 공간도 좁다. 그런데 우리나라는 '전셋집에 살면서도 큰 차'를 고수하는 경향이 있다. 열거하려면 아직도 많다. 외국만이 아니라 우리도 세계에 부끄럽지 않은 전통과 문화를 쌓아가고 있다.

내가 경제전문가가 아니어서 경제에 대한 통계적인 수치는 제시를 못 하지만, 우리의 수준은 이미 최상위권으로 알고 있다. 이미 세계시장을 장악하고 있는 K팝, K푸드, K뷰티(화장품), K드라마, K자동차, K스마트폰, K조선, K방산, K반도체 등 우리만의 경쟁력이 있는 산업들이 즐비하다. 노벨문학상도 수상, K문학도 달성했다. 특히 K방산은 지금 세계적으로 각광받고 있다. 자주포, 전차, 장갑차, 전투기 등 글로벌 방산

수출 국가로서 입지를 다져가고 있다. K브랜드는 앞으로 모든 분야에서 확장될 것으로 전망된다.

　우리나라가 좋은 것은 외국에 나가보면 확연히 느낀다. 모든 면에서 여타 선진국에 조금도 뒤지지 않는 것을 실감한다. 문제는 국가에 대한 국민의 자부심과 긍지이다. 괜스레 외국에 나가면 움츠러지고 위축되기도 한다.
　영어를 웬만큼 해도 외국인 앞에만 서면 말문이 막히고, 떨린다. 이제 그럴 필요가 없다. '내가 못 하면 상대가 한국어를 배워 나를 찾아올 것이다' 하는 정도의 자신감을 가져야 한다. 대한민국은 그 정도의 반열에 들어서 있다.
　물론 고칠 점도 많다. 아직도 후진 행태를 면치 못하고 있는 정치나 일부의 과소비 허영 등은 개선해야 한다. 그러나 전쟁의 상처를 딛고 분단의 어려운 상황에서 세계 속의 대한민국으로 도약한 우리는 스스로 자랑스러워해도 될만하다. 누가 뭐래도 나는 대한민국이 세계에서 가장 살기 좋은 나라이며, 세계가 인정하고 있다고 생각한다. 문제는 그 땅에 살고 있는 국민들이 잘 모른다는 사실이다. 우리의 좋은 점을 잘 알지 못하고 불평불만을 늘어놓는다. 이제 우리도 우리나라에 대한 자긍심을 갖고, 우리의 장점을 자랑하는 마음을 가져보았으면 한다.

정주영, 김우중,
이건희를 생각한다

나는 정주영, 김우중, 이건희 회장 등 우리나라 재계 거물이었던 세 사람을 전혀 모른다. 내가 만날 위치의 사람들이 아니다. 높은 분들이다. 단지 책이나 뉴스 등으로 알고 있을 뿐이다. 사회가 다난(多難)하고 경제가 어렵다고 하니, 고인(故人)이 된 그분들이 생각나고 새삼 존경심이 든다. 이분들은 무(無)에서 유(有)를 창조하여, 우리나라 경제의 신화를 썼다. 물론 이건희 회장은 선친의 가업을 물려받았지만, 받은 회사를 수십 배 성장시켜 세계 속에 한국을 각인시켰기에 창조로 간주하는 것이다. 전설(Legend)들의 이야기를 내 나름대로 추억해 보고자 한다. 나이순이다.

정주영 회장(1915~2001)은 영국 차관(借款) 이야기로 기억한다. 그의 책 《시련은 있어도 실패는 없다》를 읽고서이다. 정 회장은 조선소 건립 자금을 빌리기 위해, 1971년 영국으로 날아갔으나, 돈을 빌려줄 버클레이 은행으로부터 퇴짜를 맞았다. 은행에 영향력을 행사할 수 있는 사람은 A&P 애플도어 롱바텀 회장이었다.

롱바텀 회장은 "선주도 없고, 상환 능력과 잠재력 등 자체 의문이 많아 곤란하다."라고 했다. 이에 정 회장은 호주머니에 있던 500원짜리 지폐를 꺼내, 지폐에 새겨진 거북선을 보여주며 이렇게 말했다. "우리는 1500년대에 철갑선인 거북선을 만들었는데, 영국의 조선 역사는 1800년대부터 시작됐으니, 우리가 앞선다." 롱바텀 회장은 빙그레 웃으면서 고개를 끄덕였고, 협상이 다시 시작되었다.

사업계획서를 검토한 버클레이 은행 부총재가 정 회장과 마주 앉았다. 부총재는 "당신의 전공이 뭐냐."고 물었다. 이에 정 회장은 "내가 어제 옥스퍼드 대학에 그 사업계획서를 주고, 경제학 박사 학위를 받았다."라며 "사업계획서가 내 전공이다."고 답했다. 좌중에 웃음이 터졌다. 부총재는 "당신의 전공은 유머"라며 웃었다. 당연히 '옥스퍼드 박사'는 유머이다.

마지막으로 배를 사줄 선주(船主)가 필요하다고 했다. 수소문 끝에 그리스의 거물 해운업자인 리바노스라는 사람을 만났는데, 정 회장의 말로는 "나보다 더 미친 사람을 만났다."라고 했다. 한때는 처남이었던 선박왕 오나시스를 능가한 적도 있었다는 40대의 혈기방장한 리바노스는 26만 톤짜리 배 두 척을 주문했고, 계약금으로 14억 원을 지불했다.

정 회장은 책에서 자신을 "사진 한 장 든 봉이 김선달"이라고 했다. 아무 구조물도 없는 황량한 바닷가에 소나무 몇 그루와 초가집 몇 채 선 백사장을 찍은 사진 한 장이 차관 도입의 자료였으니, "봉이 김선달"이 틀림없는 것이다. 정 회장의 배포와 유머, 의지가 일궈낸 기적 같은 조선소 건설 차관 도입이었다.

그 조선소가 선박 건조 세계 제1위 현대중공업이다. 정 회장의 영화 같은 성공담은 이것 외에도 해외 건설시장 도전, 경부고속도로 건설, 20세기 최대의 공사인 사우디 주베일 산업항 공사, 88 올림픽 유치 등 헤아릴 수 없이 많다.

정 회장은 일은 불도저처럼 강력하게 밀어붙이지만, 직원들과 샅바를 매고 씨름도 할 만큼 친화력이 좋다. 유머 감각은 탁월하다. 유튜브를 보면 노래를 구수하게 부르는 영상을 볼 수 있다. 그는 "해보기는 했어?"라는 말이 나타내듯 도전과 난관 극복을 통해 미래를 창조한 이 시대의 거인(巨人)이었다.

　김우중 회장(1936~2019)은 영리하고 부지런하며, 신문 파는 소년으로 회자된다. 6.25 당시 김 회장의 가족은 대구에서 피난살이를 했다. 아버지는 납북되고, 형은 입대하여, 어머니와 어린 두 동생 등 4명이 남았다. 14세 김우중이 가족의 생계를 해결해야 했다. 하루 신문 100부를 팔아야 가족이 겨우 입에 풀칠할 수 있었다. 신문을 받아 방천시장까지 무조건 가장 먼저 달려가야 신문을 잘 팔 수 있었다.
　김우중은 항상 1등이었지만, 3분의 1쯤 팔면 뒤따라오던 다른 아이들이 도착하여 다 못 팔고 말았다. 그래서 미리 거스름돈을 준비하여 팔았으나, 3분의 2쯤 팔면 다른 아이들이 뒤쫓아 왔다. 마지막으로 생각한 방법은 아예 신문값을 받지 않고, 신문만을 던져주고서는 나중에 돌아오면서 느긋하게 돈을 받는 것이었다. 아무도 따라오지 못했다. 물론 신문값을 떼일 때도 있었지만, 한두 사람으로부터 못 받더라도 다 파는 게 이익이었다. 며칠 지나서 받기도 했다.

　김우중 회장은 그의 책 《세계는 넓고 할 일은 많다》에서 "자본금 500만 원과 직원 5명으로 1967년 대우실업이라는 회사를 설립했을 때 나에게는 큰 꿈이 있었다."며 "그것은 기업 활동을 통해 사회의 발전에 이바지해 보겠다는 것이었고, 나의 꿈은 우주 전체보다도 크고 원대했다."라고 하였다.

그 꿈이 실현되어 창업 10년 만에 당시로는 국내에서 가장 큰 건물을 갖게 되었다. 서울역 앞의 대우센터이다. 대우는 세계 기록도 여럿 세웠다. 대우 조선의 독은 세계에서 가장 크고, 부산의 봉제 공장 또한 세계 최대 규모이다. 섬유 판매량도 세계 최고를 기록했다. 아직 못 한 것이 있다면 세계에서 으뜸가는 품질의 상품을 만드는 것이라고 김 회장은 말했다.

김 회장은 워낙에 하루를 32시간이나 쓰는 것처럼 바쁘게 뛰는 바람에 밥을 굉장히 빨리 먹었다. 김 회장과 같이 밥을 먹는 회사 직원들은 절반도 못 먹는 경우가 많았으나, 김 회장의 빠른 식사를 알고는 보조를 맞추게 되었다고 한다. 식사 약속이 겹칠 때도 두 그릇을 맛있게 먹어치웠다.

아프리카에 가면 얌(Yam: 열대 뿌리채소의 하나)을 먹어야 하고, 중동에 가면 양고기를 먹어야 하는 등 비위가 맞지 않더라도, 음식을 맛있게 먹어주는 것이 예의라고 한다. 그는 "젊은이는 꿈으로 충만된 세대이다. 그 꿈 때문에 젊음은 더욱 빛나고, 그 꿈이 있어서 젊음은 한층 소중한 것"이라며 "젊음은 실패할 권리가 있다. 시키는 대로 고분고분 잘하는 사람은 실수할 염려는 없을지 몰라도 큰일은 못 한다. 도대체 실패

한번 못 해본 사람이 어떻게 큰일을 맡아 할 수 있겠는가?"라고 반문했다 한다. 꿈과 도전을 겸비한 세계 최고 수준의 프로 경영인이었다.

이건희 회장(1942~2020) 하면 "마누라와 자식들 빼고 다 바꿔."라는 말과 반도체, 레슬링이 생각난다. 나뿐만 아니라 일반인들도 이 어록을 우선 떠올릴 것 같다. '다 바꾸라'는 말은 1993년 독일 프랑크루트 선언에서 나왔다. 이는 삼성그룹의 신경영 선언으로 선진 경영시스템과 조직문화를 도입하여 대대적 변화를 추진한다는 취지였다.

혁신적 변화의 중심에 이 회장이 있었다. 신경영 선언 당시 이 회장은 "나부터 먼저 변해야 한다."고 강조했다. 또한 "뛸 사람은 뛰어라. 바빠 걸을 사람은 걸어라. 말리지 않는다. 걷기 싫으면 놀아라, 안 내쫓는다. 그러나 남의 발목은 잡지 말고 가만히 있어라, 왜 앞으로 가려는 사람을 돌려놓는가?"라고 강조했다.* 한마음으로 움직이는 조직의 일사불란함을 말하는 것이다.

삼성은 곧 반도체이다. 이 회장은 1974년 한국 반도체를

---

* 민윤기, e book, 《이건희의 말》, 스타북스, 2023.

사재(私財)로 인수하고, 반도체 사업에 뛰어들었다. 삼성 내부에서도 반대 의견이 있었다. "반도체를 과연 우리가 할 수 있겠어?"라는 것이다. 그러나 과감한 투자를 하고, 미국 일본에 직원을 파견하여 기술을 배우게 하고, 실리콘 밸리 등지에서 인재 영입을 시작하는 등 본격 공략에 나섰다.

1987년 이병철 회장이 타계하자 그룹 회장 바통을 이어받은 그는 "1990년대까지 삼성을 초일류 기업으로 성장시키겠다."고 밝혔다. 이는 인간 중심과 기술 중시, 자율 경영, 사회 공헌 등을 경영의 축으로 한 세계 초일류 기업으로의 도약이었다. 그 결과 그룹 매출이 취임 당시 10조 원에서 30년 만에 400조로 40배 증가했다. 1992년 세계 최초로 64Mb D램을 개발하면서, 세계 D램 시장을 석권했다. 이후에도 반도체 글로벌 선두 수성(守城)을 위한 삼성의 노력은 오늘도 계속되고 있다.

이 회장은 품질경영을 강조하여, 1995년 불량이 발생한 휴대폰 15만 대를 임직원들이 보는 앞에서 불태워 버렸다. '애니콜 화형식'이다. 직원들이 깜짝 놀라 각성하고는 기술 삼성을 다짐하게 됐다.

이 회장은 고교 재학시절 레슬링과 인연을 맺었다. "레슬링부에 가입하여, 운동하고 땀을 흘리면 꽉 막힌 무언가가 빠져

나가는 듯 짜릿했다."라고 했다. 그는 전국 레슬링대회에 출전하여 입상하기도 했다. 1982년부터 1997년까지 대한레슬링협회장을 맡아, 재임(在任) 동안 올림픽, 세계선수권, 아시안게임 등에서 40개의 금메달을 획득하는 데 지원을 아끼지 않았다. 2018 평창 동계올림픽 유치에도 직접 나서 낭보를 가져왔다.

TV에 나오는 그의 모습은 과묵하고, 수줍은 양 미소 짓는 표정인데, 초강력의 카리스마와 리더십은 어디에서 나오는지 경이(驚異)롭다. 이 회장의 혜안과 과감한 결단, 투자, 한번 결정하면 질주하듯 밀어붙이는 의지가 오늘의 삼성을 만들었다고 본다. 그는 대한민국을 대표하는 세계 초일류 기업의 선장이자, 한국 경제를 이끄는 강력한 리더였다.

젊은 세대에게
꼭 당부하고 싶은 말

나이를 웬만큼 먹고 보니 지난 시절이 생각난다. 나의 인생을 후회하는 것은 아니지만, 조금 아쉬운 점은 있는 것 같다. 사내대장부로 태어났으면 나라를 위해 목숨 바쳐 큰일을 하거나, 출세하여 세상에 이름을 남기는 게 성현들의 말씀인데, 나는 하나도 한 것이 없는 것 같다. 입신양명(立身揚名)하지 못했다.

출세란 무엇일까? 여러 가지가 있지만, 지금 생각해 보면 '자기의 목표를 달성하는 것'이라고 말하고 싶다. 목표가 무엇이든 간에, 자신이 그 목표를 세워, 꾸준히 노력하여 성취하면 되는 것이다. 맹목적으로 높은 자리에 올라가, 큰소리치고, '떵떵'거리며 살겠다는 허상이 아니다. 때론 그런 허상에 빠진 적도 있었을 것 같기도 하다.

지금의 60대 중·후반 세대는 시험 속에 살아왔다. 초등학교(옛 국민학교) 때부터 시작된 시험은 중·고등학교 대학교, 그리고 입사시험까지 이어졌다. 그 시험의 치열함은 심했다. 온갖 부작용도 나왔다. 하지만 달리 대안도 없었고, 시험만이 출세의 지름길이었다.

시험, 학벌, 입사, 승진, 봉급에 목숨을 걸었다. 이 중 한 가지를 꼽으라면 시험이다. 모든 것이 시험에서 출발하고, 시험으로 평가받았기 때문이다. 한편으로는 그 시험 때문에 인재를 양성하여, 자원이 빈약한 우리나라를 세계의 경제 대국으로 발전시켰는지도 모른다.

시험 이외에 달리 집착한 것은 없었다. 적성이나 재능 등 태생적 장점은 도외시되고, 오로지 시험이었다. 지금의 젊은 세대들도 여전히 시험의 연장선상에 있을 것이다. 시험이 생사를 좌우한다.

나는 시험을 치더라도 목표를 세우거나, 목표를 향해 치르라고 말하고 싶다. '무엇이 되겠다' '무엇을 해보고 싶다'는 목표를 세운 후, 거기에 맞춰 자신의 운명을 내던져야 한다. 의사가 되고 싶거나, 판검사가 되고 싶거나, 학자 또는 과학자, 예술인 등 어떤 것이라도 좋다. 먼저 목표를 세우라는 것이다.

 나는 목표가 없었다. 대충 공부하여 성적에 맞는 대학과 학과를 선택하여 입학하고, 그럴듯한 회사에 입사하는 것이었다. 기자를 할 것이라곤 예상하지 못했다. 성적에 맞춰 대학과 학과 선택을 하다 보니, 그렇게 된 것이다. 대학의 전공은 참으로 중요한데, 고교 졸업 때는 그 중요성을 잘 몰랐다. 인도해 주는 멘토도 없었다. 대학 진학을 위한 상담은 고교 담임선생님이 유일했다.

 그때는 지역마다 나름대로 '명문 중·고'가 있었다. 지역에서 공부를 좀 하는 학생들은 이곳으로 몰렸고, 전국의 수재들은 서울의 명문교로 진학했다. 명문교 배지를 달면 어깨가 으쓱해지고, 엘리트 의식에 빠져들게 된다.

 그런 프라이드 때문에 자신의 독자적인 목표나 장래의 설정에 대해서는 많이 미흡했던 게 아닌가 싶다. 성적이 모든 것을 좌우했다. 1등은 법대, 2등은 의대. 대충 이런 식이었다. 그러나 세월이 흘러 지역의 CEO가 된 사람들, 이른바 성공의 주인공들은 명문교 출신이 아닌 경우가 많다.

 대부분 공고나 기계공고를 졸업하여, 기술을 배워 차근차근 성장한 사람들이다. 명문교를 나온 사람들도 CEO가 되긴 했으나 숫자가 크게 떨어진다. 그들은 이름있는 기업에 취업하였으나 일찍 회사를 떠나며, 떠돌게 된다. 명문의 허실이다.

　농촌에서 자란 가난한 3형제가 있다. 집안에서는 공부 잘하는 장남에게만 '올인'하고, 나머지 동생들은 학교도 제대로 보내지 못했다. 그러나 명문교로 유학하여 대기업에 취업하여 탄탄대로를 걷던 장남은 경쟁의 틈새에서 중도하차 하고 만다.

　동생들은 제대로 공부하지 못한 채 기술을 배워 작은 회사를 차렸다. 지금은 성장하여 어엿한 사장이다. 집안은 장남이 아닌 동생들이 이끌어 가고 있다. 쭉쭉 뻗은 잘생긴 소나무는 집을 짓는 서까래 같은 재목으로 쓰이기 때문에 일찍 베어져 나간다. 그러나 못생긴 소나무는 베어지지 않고 남아 있다가 선산(先山)을 지키게 된다. "등 굽은 소나무가 선산을 지킨다."는 말이 틀리지 않는다.

　동생들은 "어찌하든지 돈을 벌어 밥을 굶지 말아야지. 가난만은 벗어나야지." 하는 각오와 '돈을 벌어야 한다'는 확실한 목표와 장래 소망이 있었다. 그래서 독하게 마음먹고 기술을 배워 성공했다. 사람의 미래는 성적과 학벌로 결정되는 것이 아님을 나이 들수록 깨닫게 된다. 우리 사회에는 온갖 어려움을 극복하고 성공한 '보이지 않는 스타'들이 많이 있다.

먼 곳을 걸어갈 때 명확한 목적지와 걷는 목적(이유)이 있다면 쉬지 않고, 힘든 것도 잊은 채 열심히 걷는다. 그러나 목표가 없이 걷는다면 속도도 느려지고, 지루해지고 만다. 목표가 있고 없고의 확연한 차이이다.

나는 진로를 두고 고민하거나 방황하는 젊은 세대들은 꼭 목표나 방향을 설정하길 바란다. 시간이 걸리고 어려운 일이겠지만, 그 과정을 거치지 않으면 긴 인생이 흔들리게 된다. 돛대가 부러지거나 없는 채로 항해하는 조각배와 같다.

내비게이션에 목적지를 입력하고 출발해야 한다. 그렇지 않으면 길을 잘못 들거나, 헤맬 수 있다. 항해하는 배들은 더 넓은 대양에서 빙산을 만나거나 좌초할 수 있다. 시간이 걸려도 이 과정만큼은 심사숙고하여 반드시 방향을 잡기를 당부한다. 어차피 한 번은 고민해야 하는 과정이 아닌가? 명확한 목표가 설정되지 않으면 자꾸 바뀌게 되고, 시간과 노력을 한 방향으로만 쏟아부을 수 없다.

이제 직장을 나와 자연인으로 살아가는 은퇴자들은 알고 있다. 성공과 실패, 출세와 낙오의 차이점을. 천재가 아닌 한 노력과 집념이 모든 것을 결정한다. 학벌과 성적은 도움은 되지만, 결정적인 요인은 아니다. 물론 좋은 학벌에 노력과 집념까지 겸비한다면 더 말할 나위가 없다.

그리고 인생을 살아보니 특별한 출세도, 비참한 낙오도 없다. 다 거기서 거기 같은 느낌이다. 오십보백보인 것이다. 정말로 인생의 황혼에 접어들면 '누가 이 인생을 후회 없이 마음껏 행복하고 즐겁게 살고 가는 것이냐?'로 귀결될 것이다. 인생은 출발이 아닌 종착이 좋아야 한다. 말년(末年)이 좋아야 한다는 의미이다.

죽는 날까지 하늘을 우러러 한 점 부끄럼이 없기로 살아왔다면 그 삶이 보람 있다고 할 것이다. 허울 좋은 명예가 아니다. 다시 한번 강조하건대, 모쪼록 젊은 세대들은 목표와 방향을 잘 설정하여, 인생을 출발하기를 바라는 간절한 마음이다.

때론 좀 불편해지자

　지금 우리는 너무 편하게 살고 있다. 옛날에 비하면 대변혁이다. 도저히 말로 표현하기 어렵다. 옛날에는 일반적인 일이었던 것들이 이제는 구시대의 유물이 되고 있다. 과학 문명 발전은 생활의 모든 것을 바꾸어 놓았다. 정말로 '심하게' 편한 시대에 살고 있다.

　모든 것을 앉아서 해결하고 말 한마디로 모든 기능을 작동시킨다. 더욱이나 AI(인공지능)의 발전은 인간의 편리함을 더욱 가속화시키고, 그 진행 속도가 빨라 어디까지 진화할지 모를 일이다. 이제 인간의 능력은 벽에 부딪히고 로봇에 의해 움직이는 시대가 도래했다. 우리는 생각만으로 사물을 마음대로 움직이는 첨단사회를 맞이하게 된다.

그러나 시니어의 편리함은 오히려 건강과 사고를 고속으로 늙게 하는 촉매가 되고, 운동을 기피하는 원인이 된다. 왜냐하면 편리함이란 움직이지 않는 것이고, 활동을 안 한다는 것이다. 사람의 몸은 적당히 움직여 주어야 하고, 그렇게 됨으로써 노화(老化)를 방지하게 된다. 그 동작을 멈출 땐 죽음에 이르게 된다.

노년 내과 전문의인 정희원 교수는 "100년을 계속해서 성장하는 동시에 조로(早老)를 피하는 방법은 불편한 것을 즐기는 것."이라고 말한다. "70~80대에도 몸과 뇌가 30~40대에 못지않은 '슈퍼 에이지'들은 끊임없이 배우고, 몸을 움직여야 한다."라고 강조한다.

너무나 당연한 이야기이다. 기계도 쓰지 않으면 녹이 슬 듯이 사람의 정신과 육체도 마찬가지다. 쉬면 늙는다. "If I rest I rust."이다. 나이가 들어도 웬만한 질병은 규칙적인 운동의 부족에서 오고, 또한 규칙적인 운동을 함으로써 낫게 되는 경우가 많다.

노인이라고 해서 '연장자' 취급을 하여 활동하게 하지 않고 앉혀서 '모시기만' 한다면 그야말로 팍삭 늙어버린다. 근력이나 스트레칭 같은 운동을 하지 않고 몸의 움직임을 게을리한다면 "일찍 돌아가겠다."라는 주문과도 같다. 불편을 덜어주는 편리함이 오히려 건강에 해가 된다는 말이다.

나는 "선배님, 이젠 좀 쉬셔야죠." 하는 격려의 인사가 그렇게 반갑게 들리지는 않는다. 여러분의 부모님에게도 "아버님, 어머님, 이젠 제발 좀 쉬세요."라는 말 대신 "좀 쉬시면서 일하세요."라고 말하는 게 훨씬 낫다. 시골에서 잘 지내는 부모님을 편하게 해드리겠다며, 서울 아파트로 모시는 것은 자칫 독거노인 취급하는 것과 다를 바 없다.

우리가 자랄 때 자동차는 거의 없었다. 가깝든 멀든 무조건 걸어 다녔다. 등굣길의 30분 도보는 예사이고, 1시간 이상도 많았다. 학교 교실과 화장실 청소도 학생들의 몫이었다. 시외 전화 한 통화를 하려면 우체국에 신청하고 대기했다. 논문 한 편을 쓰려면 많은 자료를 도서관에서 일일이 찾아 읽고 따로 옮겨 쓰지 않으면 안 되었다.

지금은 인터넷이라는 이기(利器)로 앉아서 세계 곳곳의 자료들을 손쉽게 구할 수 있다. 인터넷이나 내비게이션은 상상도 할 수 없었다. 대학 시절 시험을 앞두고 친구의 노트를 빌려 밤새 베껴 쓴 기억이 나질 않는가? 지금처럼 고속 복사기가 없을 땐 누구나 그리했다. 베끼다 보면 자연히 공부가 되었다.

지금은 옛날보다 거의 걷지 않고 덜 움직인다. '편리함'이 오히려 독(毒)이 되고, '불편함'이 약(藥)이 되고 있다. 인간을 편하게 하려는 문명의 이기(利器)가 사람의 몸을 망치게 하는 독기(毒器)가 되는 역설적인 현상이다.

편리함은 과학의 위대함과 고마움을 망각하게 한다. 불편하다가 편해져야 문명의 이기의 고마움을 알게 되는데, 처음부터 편안함에 익숙해져 버리면 그 가치를 잊어버린다. 지금과 같은 과학 문명의 시대는 수많은 과학자의 피땀 어린 노력으로 만들어진 결과이다. 그 노력을 잊어버리고 편안한 이기(利器)에만 몰입한다면, 개발의 과정을 알 수 없게 된다.

21세기 최첨단의 시대, 과학은 위대하다. 과학의 발전은 인류의 생활을 변화시켰고, 새로운 문명 시대를 열었다. 현재의 IT 시대는 빌 게이츠나 스티브 잡스 같은 젊은 과학자들의 공로이다. 이런 시대가 도래할 것이라고는 누구도 예측하지 못했다. 과학이 위대한 혁명을 만든 것이다.

이런 선각자들의 노고를 조금이나마 알고, 과학이라는 본질을 깨우치기 위해서는 역시 불편한 옛 시대로 한번 되돌아가는 과정이 필요하다. 불편함을 알아야 편함을 알 수 있다. 특히 불편함을 모르고 자랐던 젊은 세대는 불편함의 세계를 알 필요가 있다고 하겠다.

유럽의 이름 있는 건물은 대부분 300~400년 전 중세에 지어졌다. 그것을 허물지 않고 지금도 불편을 감수하면서 잘 쓰고 있다. 소중한 문화유산이기도 하다. 이들 건물의 불편은 단순한 불편에 그치는 것이 아니고, 21세기와 교류하면서 건물의 가치를 높이고 있다. 불편의 재탄생이기도 하다. "온고지신(溫故知新: 옛것을 익히고 새것을 안다)"이다.

물론 편리함으로 인한 업무의 효율도 간과할 수 없다. 초첨단의 시대, 결정도 실행도 빨라야 한다. 분초를 다투는 싸움이자 경쟁이다. 하지만 여기에서 강조하고 싶은 것은 시니어에 관한 이야기이다. 시니어에 있어 너무 편한 것만 권하지 말고, 조금 불편해지면서 몸을 움직이게 하라는 말이다.

세계적 장수촌으로 이름난 일본 오키나와 주민들의 장수 비결은 소식(小食)과 활동이라고 한다. 음식을 적게 먹으면서 식이섬유를 많이 취하고, 활동을 꾸준히 한다는 것이다. 정원일, 걷기, 수영 등 운동을 하고, 사회적 연결성을 강화하여 정신적 스트레스를 줄인 것으로 나타났다.

하루를 보내면서 앉아 있지만 말고, 쉴 새 없이 몸을 움직여야 한다. 신문과 책을 읽고 글을 쓰는 것도 큰 도움이 된다. 죽을 때까지 공부하라는 의미로 해석된다. 나는 집에서 TV를 볼 때 서서 보려고 노력한다. 앉으면 편하지만 그만큼 허리도 안 좋아지고, 몸의 움직임도 둔해지기 때문이다. 서 있는 것도 다리 운동이 된다.

　회사에서 의자에 앉는 대신 키 높은 책상에 서서 근무하는 모습도 종종 언론에 소개된다. 대부분의 시니어는 100세 시대를 염원하고 있다. 그러기 위해서는 어느 정도 불편을 감수하는 것이 정신과 육신에는 긍정적으로 작용한다. 불편할수록 몸의 움직임은 많아지고, 노화의 속도는 느려진다.

　시니어의 건강뿐만 아니라, 일반 대중에 있어서도 불편함의 경험은 편리함의 고마움을 다시금 깨닫게 하는 계기가 된다. 때론 불편해지면서 옛것의 고마움도 알고, 몸도 정신도 더 젊어지자.

뇌 질환 예방과 독서의 이중 효과,
신문을 읽어라

요즘에는 뉴스를 주로 스마트폰을 통해 접하게 된다. 실시간대로 뉴스를 보도하는 스마트폰의 위력은 과히 대단하다. 어떤 뉴스 매체보다도 스마트폰은 빠르고, 현장 사진과 영상을 제공한다. 뉴스 보도에 관한 한 스마트폰을 이기는 어떤 매체도 찾기 어렵다. 젊은 층은 스마트폰에 익숙하여 뉴스는 아예 스마트폰을 우선으로 생각할 것이다. 대학 교정에서도 모두가 스마트폰을 들고 있고, 등하굣길 버스나 지하철 안에서도 마찬가지이다.

기존의 뉴스 총아(寵兒)였던 신문은 서서히 사라지고 있는 느낌이다. 스마트폰에다 TV, 유튜브 등에 밀려 설 자리를 잃고 있다. 문자 문명의 최일선 매체로서 그 영향력을 과시하던 신문은 이제 신흥 IT 매체에 밀려 역사 속으로 사라지지 않을까 하는 우려도 생긴다.

   그러나 그런 걱정은 안 해도 무방하다. 문자 문명이 살아 있는 한 신문은 영원히 존속하게 되어 있다. 특히 나이가 들면 스마트폰보다 신문을 보는 게 여러 면에서 훨씬 낫다. 우선 스마트폰은 시니어와 익숙하지가 않다. 젊은 층보다 적응이 늦은 데다 취향도 잘 안 맞다.
   이에 반해 신문은 늘 익숙하게 봐왔던 매체이고, 낯설지 않다. 중·장년층의 구미에는 여전히 신문이 맞다. 다만 신문은 속보성에서 뒤떨어진다. 대신 신문도 모바일 뉴스를 통해 실시간으로 뉴스를 보도하고 있다.
   신문을 보는 것은 매일 책을 읽는 것과 같은 비슷한 효과를 낸다. 그러나 시니어는 책 읽기가 잘 안되고, 눈이 침침하여 30분 이상 읽기가 힘들다. 그래도 정신이 맑은 아침 시간만이라도 신문을 보면 독서와 버금가는 효과를 낼 수 있다.
   글을 읽고 글을 쓰는 것은 뇌 건강에 많은 도움이 된다. 뇌가 휴면하지 않고 쉴 새 없이 움직이는 것으로, 책을 읽고 글을 쓰면 뇌 운동이 강화되어 좋다는 것이다. 뇌 질환은 매우 위험하고 치명적이다. 그것을 미리 방지하는 한 가지 방안이 독서와 글쓰기라고 하니 하지 않을 수 없다.

독서나 글쓰기가 마땅찮다면 신문을 보면 대리효과를 얻을 수 있다. 신문도 매일 발행하는 한 권의 책이다. 어떤 베스트셀러도 신문을 따라올 수 없다. 신문은 독서와 마찬가지로 읽으면 뇌 기능을 활성화시켜 뇌 건강에 도움을 준다. 신문은 스마트폰보다 종합적인 뉴스를 취득할 수 있으며, 뉴스 전체의 흐름과 밸류(가치)의 경중을 판단할 수 있다. 스마트폰이 뉴스를 별 구분 없이 나열했다고 하면, 신문은 이를 정리하여 독자가 뉴스의 판단을 손쉽게 할 수 있도록 사전조치를 하는 강점이 있다.

대부분의 고위 공직자나 경제인은 신문 보기를 아침의 필수사항으로 하고 있다. 신문을 보지 않고 중요한 일은 할 수가 없다. 스마트폰은 뉴스의 배경과 해설 기능이 없이 사안만을 전달하고 있다. 이에 반해 신문은 해설로 뉴스와 함께 생성 과정, 심층 분석을 곁들인다. 팩트 하나만으로는 언론의 기능을 다할 수 없다.

이런 면에서 스마트폰은 언론의 범주에 포함시키지 않는다. 미국의 워싱턴포스트지는 구독자가 많지 않다. 몇십만 부에 그친다. 그런데도 대단한 위력을 발휘하는 데에는, 그 신문을 보는 독자들이 미국을 움직이는 사람들이기 때문이다. 오피니언 리더들은 빠짐없이 이 신문을 보고, 판단한다. 스마트폰이 아니다.

이러한 점들이 신문과 스마트폰이 다르다고 볼 수 있다. 우리나라도 마찬가지이다. 주요 뉴스의 흐름은 신문에서 이끌어 나가고 있다. TV와도 엄연한 차이가 있다. TV 역시도 스마트폰과 마찬가지로 뉴스의 전달 기능에 치중하고 있는 영상매체이다. TV는 어떤 측면으로 볼 때 영상 그림이 빠진다면 생존 자체가 힘들어진다.

신문은 다른 매체보다 해설을 곁들여 상세한 보도를 하고, 기록으로 남기는 특성이 있다. 매일매일의 역사를 기록하여 보관하는 사관(史官)의 역할을 한다. 언론의 중심은 신문이고, 다른 매체들은 신문을 따라오는 형태로 봐도 틀린 말이 아니다.

과거 독재 시절, 신문 검열이 있을 때, 신문은 직접적 표현이 아닌 행간(行間)의 의미로 독자들에게 사실을 전달하였다. 행간이란 신문의 글의 줄과 줄 사이 여백을 말하는 것으로, 직접적 표현이 아닌, 에둘러 간접 표현하는 것으로, 실제 사안을 짐작게 하는 신문만의 특징이다. 그래서 '행간의 의미'를 읽으라 했고, 이를 읽으면 진짜 사정을 알 수 있다.

신문을 읽으면 한 권의 책을 읽는 것과 다를 바 없다. 32면짜리 신문 한 부를 모두 읽는다고 했을 때 걸리는 시간은 3시간이 넘는다. 그렇다면 3시간짜리 책 한 권을 읽은 것이나 다름없는 것이다. 시니어는 여전히 신문을 선호하는 편이지만, 지금 잘 읽지 않는다면 읽기를 다시 권한다.

 신문을 읽으면 자신도 모르게 뇌 기능이 활성화되어 뇌 질환 치료에 도움이 될 것이다. 신문을 게을리한다면 독서라도 해야 하는데, 이는 더욱 만만찮다. 일기를 쓰는 사람도 찾기 힘든 상황이다. 절에서 신도들이 하는 사경(寫經) 또한 글쓰기와 비슷한 효과를 낸다고 한다. 좋은 불교 문장을 베껴 쓰는 것으로, 잠들지 않아도 눈을 감고 있으면 잠을 자는 효과를 내는 것과 마찬가지이다.

 뇌 질환이 아니라 할지라도 시니어는 매일 신문읽기를 권한다. 당장에 세상 돌아가는 상황을 한눈에 알 수 있고, 매일 책 한 권을 읽는 것이니 지식이 늘어나고 판단력이 향상되는 이점이 있다. 시니어는 특히 정치와 국정에 관해 많이 궁금해한다. 이러한 궁금증을 풀어주는 것은 신문이다. 신문과 함께하면 시간도 무료하지 않고, 읽기 능력도 향상되니 여러모로 좋다.
 그런데도 요즘은 신문을 구독하는 사람이 떨어지니 아쉽다. 나는 대학에서 신문을 전공했고, 신문기자로 평생을 보낸 사람이다. 출신 경력 때문만은 아니고, 신문은 이러한 순기능에 비해 영업의 효과는 거의 없다. 일부 중앙언론사는 신문 구독 전담 인력이 있어 구독 독려를 하고 있는데, 씁쓸한 뒷맛을 남기고 있다.

　신문은 경영 측면에서 본다면 사양산업이다. 신문을 찍어내면 낼수록 수익은 마이너스이다. 신문값은 한정되어 있고, 제작 경비는 늘어나 찍을수록 손해 보는 구조로 되어 있기 때문이다. 이런 말은 원래 소재와 관련이 없는 내용이지만, IT 시대 신문이 처한 현실을 말하기 위함이다.
　신문의 경영구조는 차치하고, 독자와 시니어는 신문은 읽으면 읽을수록 무조건 도움이 된다. 인류가 만들어 낸 최고의 문명이 문자이고, 이를 근거로 하는 종이 인쇄 매체는 신문이다. 뇌 건강이 좋아지고, 지식이 함양되고, 판단력과 결정력이 강화되고, 똑똑한 지성인이 되니 신문을 거부할 이유가 없는 것이다. '일석삼조'의 효과가 있는 신문읽기를 적극 권한다.

사람을 움직이는 중요한 무기는 입이 아니고 귀이다

고 이병철 삼성 창업주는 3남 고 이건희 회장을 후계자로 내정한 뒤 경청(傾聽)이라는 휘호를 내렸다고 한다. 이 전 회장은 부친이 쓴 이 휘호를 보면서 늘 잘 실천하고 있는지를 스스로 돌아보았다고 전해진다. 그는 휘호를 아들 이재용 현 회장에게 물려주었다. 이병철 회장은 "말을 배우는 데에는 2년이 걸리지만, 침묵에는 60년이 걸린다."며 남의 말을 듣는 데 열중했다.

경청(傾聽)의 풀이가 재미있다. 청(聽)자는 귀(耳)와 임금 왕(王), 열 십(十), 눈 목(目), 한 일(一), 마음 심(心) 등 여섯 자의 한자로 만들어져 있다. 왕의 귀에 10개의 눈, 하나의 마음으로 잘 들으라는 말이다.

경청이란 다른 사람의 말을 주의 깊게 들으며, 공감하는 것이다. 사람들은 서로 의사를 소통할 수 있는 능력이 필요한데, 그러기 위해서는 다른 사람의 말을 정확히, 정성스럽게 들어야 한다는 것이다. 자기 말을 경청해 주는 사람을 싫어하는 사람은 세상에 존재하지 않는다.

그래서 "사람을 움직이는 가장 중요한 무기는 입이 아니고 귀이다."라는 말이 회자된다. 우스개로 무탈하게 지내려면 여자 3명의 말을 잘 들어야 하는데, 아내와 캐디, 내비이다. 아내는 굳이 말을 안 해도 될 것이고, 캐디는 골프장의 코스를 잘 알아 캐디의 말을 들으면 스코어를 크게 잃는 대형사고는 치지 않는다. 내비 역시 친절한 여성의 목소리로 길 안내를 하여, 목적지로 가는 데 실수가 없다.

일본 사람들의 경청 자세 또한 본받을 만하다. 그들은 상대가 무슨 말을 하면 귀를 쫑긋하여 들으면서 연신 "하이, 하이(우리말로 '예')"를 외친다. 내가 당신의 말에 집중한다는 증거이다. 반응을 제때, 많이 한다는 피드백(Feed Back)의 표현이기도 하다.

그래서 말하는 사람, 즉 화자(話者)가 좋아한다. 돈 들지 않고 상대의 관심을 끄는 효과적인 방법이다. 역사적으로 볼 때

일본 사람들만큼 전쟁을 좋아하는 국민은 없다. 그들은 중일전쟁 러일전쟁에 이어 태평양전쟁까지 벌여 미국과도 대적했지만, 친절과 경청에서는 대단한 능력을 갖고 있다고 생각한다.

삼국지에 나오는 유비(劉備) 또한 귀가 커서 남의 말을 잘 들어, 대이아(大耳兒)로 불렸다. 사실 남의 말을 잘 듣기란 쉽지 않다. 자신의 말을 아끼며 남의 말을 잘 듣는 사람은 몸의 기운이 상승세를 타는 사람이라고 한다.

반면 혼자 힘으로 성공한 사람들은 남의 이야기를 듣기보다는 자기 이야기를 많이 하는 경향이 있다. 자신의 성공담과 무용담을 말하고, 은근히 자랑하고 싶어 한다. 또한 자신의 말에 확신을 가지며, 남의 말을 잘 듣지 않는다.

사실상 이런 성격은 정신분석학에서는 환자로 간주된다. 이는 일종의 정신질환으로 '휘브리스'로 부르며, 인간의 행동 규제 한계를 무시하는 '교만' '자만'이라는 의미이다. 경청과는 정반대에 있다. 고대 그리스 로마 신화에 자주 나오며, '휘브리스'에 빠지는 인간들의 모습을 다양하게 보여준다.

대표적인 사례가 오이디푸스이다. 그는 테바이의 왕인 아버지를 죽이고 왕이 되었으나, 마음속에 '휘브리스'가 들어 왕비를 아내로 차지한다. 어머니와 결혼을 한 것이다. '휘브리스'로 발생한 것이었으나, 부모를 알아보지 못한 것을 한탄하여 스스로 두 눈을 뽑아버리고, 방황하다 비참하게 죽고 만다.

여기에서 '오이디푸스 콤플렉스'라는 말이 나온다. 아들이 동성인 아버지에게는 적대적이지만, 이성인 어머니에게는 호의적이며, 무의식적으로 성적 애착을 가지는 복합감정이다. 정신분석학에서는 모든 신경증의 원형으로 보고 있다. 그래서 일반적으로 신경증 환자는 오이디푸스 콤플렉스 극복에 실패한 사람으로 분류되기도 한다.

나이가 들면 가능한 한 말은 적게 하는 것이 좋다. 말이 많으면 꼭 해야 할 말을 놓치는 경우가 많다. 자칫 떠버리로 낙인찍히면 신용을 잃게 된다. 떠버리는 영어로 'Loud Mouth' 'Big Mouth'로 불리는데, 결코 좋은 별명이 못 된다. 이들은 주로 남의 이야기나 탓을 많이 한다고 한다.

말을 하려면 덕담을 하는 것이 좋다. 오랜만에 친구를 만났을 때 "얼굴이 왜 이래? 못 본 사이 많이 늙어버렸구나."라고 한다면 상대가 얼마나 서운하게 생각하겠는가? 이왕이면 "얼굴이 그대로네, 변한 게 없어, 여전히 젊음을 유지하고 있네."라고 한다면 듣는 사람의 기분이 좋아질 것이다.

돈이 드는 것도 아닌데 괜히 필요 없는 말을 하여 손해 볼 필요는 없다. 결론적으로 말한다면 말은 적게 하되, 꼭 해야 한다면 덕담 위주로 하는 게 좋겠다. 그래서 "입은 닫고, 귀는 열고"를 시니어의 덕목으로 생각해야 한다. 여기에서 한 가지 추가한다면 "입은 닫고, 귀는 열고, 지갑도 열고."이다. 사람들은 지갑을 자주 여는 사람을 좋아한다.

이것도 일종의 보시(布施)이고, 베풂이다. 나는 이를 '기브(Give)'라고 부른다. 세상의 모든 신용과 의리는 '기브'에서 나온다. 독식하는 사람치고 무사한 사람은 나는 아직 보지 못했다. 사고는 나눠 가지는 것이 아닌, 혼자 가지려다 일어난다.

미국 작가이자 교수인 스티븐 코비는 《성공하는 사람의 7가지 습관》과 《성공하는 사람의 8번째 습관》이라는 책에서 이렇게 말한다.

> 성공하는 사람과 그렇지 못한 사람의 대화 습관에서 단 한 가지 차이점을 꼽으라면, 나는 주저 없이 경청하는 습관을 들 것이다. 우리는 지금껏 말하기, 읽기, 쓰기에만 골몰해 왔지만 정작 우리의 감성을 지배하는 것은 '귀'이다. 경청이 얼마나 주요한 능력인지, 그리고 우리가 어떻게 경청의 힘을 획득할 수 있는지 알아야 한다.[*]

---

[*] 창원문성대교수학습지원센터, 《의사소통 능력》, 2017, 155쪽.

그렇다면 경청을 어릴 때부터 배워야 하는데 잘 배우지도 않는다. 말하는 연습을 하는 웅변학원은 있어도, 듣기 연습하는 학원은 영어학원뿐이다. 경청을 배우는 곳은 없다. 성장하면서 깨닫고 윗사람으로부터도 배워야 한다.

나폴레옹이 러시아 원정에 나섰을 때 참모들은 반대했다. 그러나 나폴레옹은 "충고 따위는 필요 없어, 나는 한다면 한다."며 원정을 강행했다. 그러나 혹독한 추위에 견디지 못하고 병사들은 쓰러졌다.

교만과 고집으로 구성원들에게 엄청난 피해를 입힌 것이다. 이는 소통이 아닌 불통이고, 리더십의 부재이다. 우리는 주변에서 이러한 불통을 쉽게 목격한다. 불통의 당사자는 자신의 불통을 잘 모른다. 말하는 것은 지식의 영역이고, 듣는 것은 지혜의 영역이다. 지혜로운 사람이 낫겠다.

친구들과 둘레길 걸으며
떠드는 즐거움

내가 일주일 중에서 가장 기다리는 요일은 수요일과 금요일이다. 수요일은 수요탁구 게임이 있어서이고, 금요일은 고교 친구들과 가까운 산의 둘레길을 걷기 때문이다. 젊은이들이 말하는 '불금'과는 차원이 다르다. 둘레길 걷기에 대해서 말을 해보자.

금요일 오전 10시가 되면 친구의 차가 아파트 입구 도로에 나타난다. 그 차를 타고 '곰절'이라고 불리는 성주사 황톳길에 도착한다. 모두 5명으로 고교 동기생 친구들이다.

이곳에는 맨발로 걸을 수 있도록 황토로 길을 만들어 놓았는데, 우리는 황톳길을 피해 일반 둘레길을 걷는다. 적당한 오르막 내리막길을 2시간가량 걸으면 소화도 잘되고 기분이

상쾌하다.

특히 마음대로 지껄일 수 있어 좋다. 친구라도 정치적 성향이 다르면 언쟁을 하고 싸움까지 하고, 사이가 멀어지는 경우가 있는데, 고등학교 친구들이라 아무런 거리낌이 없다. 특정 정치인에 대해 욕도 하고 칭찬도 하며, 마음대로 말을 할 수 있으니 시원하기도 하다. 우리는 이를 '노가리 깐다'고 말한다. 이 말의 사전적 해석은 "둘 이상의 사람이 오랫동안 수다를 떤다."라고 되어 있다. 사투리가 아닌 정식 용어이다.

산을 타며 노가리를 마구 까면 마음이 시원하고 상쾌해진다. 하고 싶은 말을 마음대로 하니 속이 뚫리는 기분이다. 단골 메뉴는 정치인이다. 출발할 때부터 헤어질 때까지 노가리는 계속된다. 시끄러운 소리로 자연을 오염시킬 수도 있지만 우리는 신경 쓰지 않고 떠들어 댄다. 스트레스 해소에 좋아 정신 건강에도 도움이 된다고 생각한다. 마구 웃고 즐기는 시간이다. 운동도 하고, 스트레스도 날리니 일석이조가 따로 없다.

운동도 하고 떠들면 금방 배가 고파, 하산하여 함께 먹는 추어탕과 통김치찌개, 돼지·순대국밥 한 그릇이 그렇게 맛있을 수가 없다. 점심은 1만 원짜리 정도이다. 단골로 가는 식당이 서너 군데 있다. 친구 중에는 아직도 사업 전선을 열심히 뛰는 사장님이 있어, 이 사장님 친구가 밥값을 모두 낸다.

밥값은 현역이, 식사 후 커피값은 퇴역들이 돌아가며 내고 있다. 참으로 기분 좋은 점심이 아닐 수 없다.

식사를 하고 나면 향이 좋은 차 한 잔이 기다린다. 커피 한 잔에 1,500원 하는 주민센터 커피숍을 이용한다. 여름에는 옛날 팥빙수이다. 주민들이 자체적으로 운영하니 가격이 저렴하고 메뉴도 제법 다양하다. 이곳에서 못다 한 노가리를 까고 헤어진다. 그리고 일주일 뒤 다시 만난다.

산행하고 나면 다리가 뻐근한 게 격한 운동을 한 것 같은 만족감을 느낀다. 근육이 좀 붙은 것 같은 성취감이 들기도 한다. 친구들은 금요일 오전 시간에는 자기 약속을 잘 하지 않고 시간을 비워둔다.

20여 년 전에는 마라톤이 유행하여 많이 뛰었으나 요즘은 대부분 걷는다. 걷기의 생활화이다. 아마도 걷기는 인간이 살아 있는 한 사라지지 않는 생의 기본이자 빠트릴 수 없는 운동으로 사랑받을 것 같다. 특히 은퇴자들에게는 건강을 지켜주는 고마운 운동이다.

등산도 등산이지만 나이 들어 매주 볼 수 있는 친구들이 있어 너무 고맙다. 허심탄회하고 꺼릴 게 없다. 내 마음을 털어놓을 수 있는 가까운 친구들이다. 이런 모임은 평생 갖고 가야 한다. 매주 걷는 둘레길 산행이 다리 체력 향상 등 건강에도 많은 도움을 준다.

친구들을 만나면 지난 일주일간의 안부를 묻는다. 젊었을 때보다 나이 든 지금 친구를 보는 것이 더 반갑고 의지가 된다. "사람의 친구를 보면 그 사람이 살아온 일생을 알게 된다."고도 한다. 친구는 곧 나이고, 내가 친구인 셈이다. 비가 와서 걷기가 어려운 날이면, 사찰 입구에 있는 찻집에 들어가 차를 마시며, 비 내리는 모습을 본다. 빗소리를 듣는 것이다. 비가 오지 않는다면 물소리를 듣는다.

매주 밥을 사는 친구는 "세상에서 가장 듣기 좋은 소리가 산에서 흘러내리는 계곡의 물소리."라고 말한다. 도심에 살면 물소리, 바람 소리, 빗소리 등 자연의 소리를 듣기 힘든데, 이런 아름다운 소리까지 산은 우리에게 들려주니 보너스이다.

나는 30년 정도 골프를 즐겼다. 지금은 하지 않는다. 4년여 전에 끊어버리고 클럽을 사위에게 연습용으로 '불하'해 버렸다. 산행과 골프는 걷는 운동인데도 골프를 끊은 지금 생각해 보니 골프는 산행에 비해 운동이 안 된다는 생각이 든다. 세상에서 가장 재미있고 짜릿한 운동을 들자면 아마도 골프일 것이다. 정말로 재미있다.

그러나 산행에 취미를 붙이니 골프와는 비교가 되지 않는다. 산행은 무념무상(無念無想)의 운동이고, 걸을 때는 오직 걷는 것에만 열중하고, 땀이 나고 체력과 에너지의 소비가 된다. 이에 반해 골프는 계속해서 스코어 신경을 써야 하고, 내기를 하지 않으면 재미가 떨어진다.

 돈이라도 잃을지라면 기분이 좋지 않아, "다음에는 이겨야 한다."는 경쟁심과 복수심에 불타게 된다. 운동하는데 복수심이나 다른 흑심(黑心)이 있다면 평정심을 잃어버린다. 또한 경비가 많이 들어, 퇴직자에게는 상당한 부담이 된다. 그래서 무료로 땀 흘려 산을 오르고, 친구와 노가리를 까고 실컷 웃는 산행이 훨씬 즐겁다. 이 나이에 호연지기(浩然之氣)를 기른다면 좀 과장된 표현이겠지만 아무튼 최고의 운동이자 스트레스 해소법이 아닌가 싶다.

 아마도 나는 숨을 쉬는 한 산행과 걷기는 계속할 것 같다. 걷기는 생활 속에 젖어든 운동이고, 산행도 이에 못지않다. 걷기를 중단할 때는 숨을 잘 쉬지 못하는 경우일 것이다. 대한민국의 주요 산맥을 훑어 내려오는 백두대간(白頭大幹) 등정은 못 해도 주변의 낮은 산이나 둘레길 정도는 숨이 끊어지지 않는 한 오를 수 있다고 본다.

 금요산행을 쉼 없이 하다 보면 좀 더 힘든 코스도 갈 것 같다. 계획을 짜서 제주도 올레길을 다녀올 궁리를 하고 있다. 몇 번 가본 적 있지만 완주는 해보지 않아 못 가본 코스를 골라 친구들과 한번 가보고 싶다. 매주 2시간씩 훈련을 하다 보면 충분히 정복할 수 있으리라 생각한다.

"산에는 왜 가느냐?"고 물어보니, "산이 거기에 있어 간다."라고 답하는 선문답이 있다. 우리 같은 시니어의 경우 "둘레길이 있어 간다."고 답하는 게 적당할 것 같다. 요즘에는 자치단체마다 황톳길을 조성해 놓아 걷기 환경이 크게 좋아졌다. 꼭 산 쪽이 아니라 하더라도 동네 공원에도 황톳길이 등장하고 있다. 친구들과 어울려 맑은 공기를 마시며 걷고, 이야기꽃을 피우고, 맛있는 식사를 하는 둘레길 산행은 시니어의 큰 즐거움이다.

인심은 곳간에서 나온다, Give를 배워라

 사람은 살아가면서 수많은 사람을 만나게 된다. 그 만나는 사람과의 관계에 따라 자신의 인생행로가 달라질 수 있다. 능력이 조금 모자라도 훌륭한 대인관계가 유지된다면 그 부족함을 메꿀 수 있다. 좀 과장한다면 능력보다 대인관계가 더 중요해지는 경우가 많다. 대인관계의 중요성은 아무리 강조해도 모자라지 않는다.

 능력은 유한하다고 한다면 대인관계는 무한하다. 삶 자체가 대인관계이다. 대인관계의 가장 중요한 요체는 무엇일까? 나는 단언컨대 '주는 것(Give)'이라고 말한다. 주는 것의 의미는 매우 광범위하다. 간단하게 정의를 한다면 베푸는 것이다. '베풂'의 실천에는 많은 어려움이 뒤따른다. 장애 요소가 많이 있다. 그러나 베풂이 반드시 물질적 풍요에 따라 이뤄지는 것은 아니다. 마음 씀씀이에 달려 있다.

나는 대인관계를 말할 때 'Give'를 말하며, 그 예를 골프에서 든다. 골프장에서 상사나 고객들과 함께 골프를 칠 때 "기브를 자주 외쳐라."라는 우스개가 있다. 기브는 흔히 '오케이'라 한다. 그린 위에 떨어진 공이 홀컵에서 좀 떨어져도 비교적 가까우면, 한 번 퍼팅으로 공이 홀컵에 들어간 것으로 인정하여, 1타로 간주한다는 말이다. 짧은 거리라 할지라도 긴장을 하면 잘 들어가지 않는다.

오케이를 부르지 않고, 입을 닫고 서 있으면, 동반자는 퍼팅을 안 할 수 없고, 만약 안 들어가면 2타로 계산되어 스코어가 늘어난다. 내기를 했다면 돈이 나간다. 돈을 잃은 사람은 화가 나는 것은 당연하다. 오케이를 받았으면 아무 문제도 아닌데, 동반자가 입을 다물고 있어 사달이 난 것이다.

오케이가 나오지 않으면 상사들은 "영어 하는 사람 없나?" 하고 동반자의 오케이를 유도하지만, 눈치 없이 침묵한다면 골프를 치지 않은 것만도 못하게 된다. 눈치가 없어도 한참 없는 경우이다. 다음 날 출근했을 때 상사의 얼굴은 편하지 않을 것이다. 고객과의 거래는 끊어질 수도 있음을 알아야 한다.

물론 오케이의 남발은 골프의 질(質)을 떨어트리고, 골프 룰을 훼손한다. 그러나 좀 크게 보면 베푸는 것이고, 대인관계를 끈끈히 하는 효과가 있다. 그로 인해 인맥을 넓히고, 기존의 인맥과의 관계는 더욱 견고해진다. 이런 것을 두고 베풂이라 한다면 적절하지 않지만 상대의 기분이 좋아지는 측면에서는 포함시킬 수도 있다.

 접대를 받으면 기분이 좋듯이, 오케이를 받아도 역시 기분은 좋다. 그렇다고 기브를 찬양하여 남발하라는 말은 아니고, 대인관계의 중요성을 강조하다 보니 부수적으로 나온 이야기이다.

 기브의 의미가 말하듯 사람은 살아가면서 남을 이롭게 하는 행위를 많이 하면 할수록 자신에게 이익이 배가(倍加)되어 돌아온다. 남을 이롭게 하지 않고는 나에게 이로움이 돌아올 수 없다. 먼저 베푸는 사람이 이긴다. 나를 아끼면서 상대로부터 이로움을 받기를 바란다면 큰 오산이다. 도둑 심보이다. "먼저 베풀어라."는 결국 나를 지키고, 나를 잘되게 끌어준다. 젊은이들은 이 간단한 원칙을 일찍 깨우쳤으면 한다.

 보스의 세계에 있어서도 이런 원칙이 통한다. 옛날의 주먹 보스처럼 주먹이 센 사람이 보스 자리를 지키는 시대는 지나갔다. 보스가 아랫사람을 잘 관리하려면 먼저 잘 베풀어야 한다. 그렇지 않고서는 보스의 지시를 따르지 않고, 목숨 바쳐 충성하지 않는다.

　돈이 필요한 정치의 세계에서도 마찬가지이다. 정치 도의를 강조하기에 앞서 자기 계파 사람들을 먹여 살리고, 이롭게 하는 보스의 배려가 있어야 그 조직이 원활하게 움직인다. 보스 혼자 독식을 하고, 자기만의 이익을 추구한다면 배신의 화살이 되어 돌아와, 등 뒤에 꽂히고 만다. 보스의 사망이다. 삶을 그렇게 살아서는 안 된다.

　"인심은 곳간에서 나온다."고 했다. 물질적으로 풍요로운 사람이 인심을 베풀 때 사람이 몰리고, 그를 지지한다. 인심이 없다면 작은 일이라도 어렵고, 대사를 도모할 수 없다. 100년 이상 유지되는 기업이나, 경주 최부잣집 같은 곳도 어려울 때 곳간을 열었기 때문이다. 회사의 졸병 사원이라 할지라도 반드시 이 원칙을 알아야 한다. 나만 잘되겠다고 머리를 굴리지 마라. 과한 욕심을 내지 마라.

　오월동주(吳越同舟) 고사에 나오는 월나라 재상 범여는 숙적 오나라를 꺾은 후 천하통일을 완성하고는, 정치를 떠나 장사를 하여 큰돈을 벌었다. 그런데 차남이 초 나라에서 살인을 하여 죽게 되었다. 그러나 "천금을 가진 부자의 아들은 길거리에서 죽지 않는다(千金之子 不死於市)."라고 했다. 황금을 소달구지에 실어 막내아들이 갖고 초나라로 가게 했다. 장남이 "장손인 자기가 가겠다."라고 우기자, 할 수 없이 장남을 보냈다. 보낼 때 "초나라 장생에게 황금을 주고는 바로 돌아오라."고 신신당부했다.

황금을 받은 장생은 왕에게 아뢰고, 사면령을 받아내자, 이를 들은 장남은 황금이 아까워 장생에게로 갔다. 장생은 "자네 아직도 안 갔느냐?"며 깜짝 놀라, 황금을 돌려주고는, 화가 나 왕에게 다시 건의하여 사면을 철회해 버렸다. 차남은 죽고 말았다. 범여는 "장남은 어려울 때 태어나 자라 돈의 소중함을 아는 반면, 막내는 부유하게 커 돈을 잘 쓴다."며 "일부러 막내를 보냈는데 동생을 죽게 했다."며 웃었다.

범여는 천금의 재산을 모았으나 가난한 친구들과 이웃들에게 나눠, 부유한 덕을 행하는 사람으로 소문났다. 사마천은 "도덕이란 생활의 여유가 있을 때 꽃피는 것"이라며 경제적 풍요의 중요성을 강조했다. "곳간에서 인심 난다."라는 말을 되새기는 고사이다.

사회의 첫발을 내딛는 젊은이나, 은퇴자 모두 귀담아들어야 할 이야기이다. 사회 초년생들이 처음부터 너무 돈을 탐한다거나, 자기 것만을 움켜쥐려고 한다면, 자칫 조직에서 낙오할 수 있다. 기본적으로 베푼다는 인식을 조금이나마 가져야 할 필요가 있다. 시니어도 자기 잇속만 차릴 때 주변으로부터 인정을 받지 못하고 외면당한다.

 나는 이 부분을 강조하고 싶은 것이다. 세상 사람들은 이익이 보일 때는 벌떼처럼 모이지만, 이익이 사라지면 제각기 흩어져 버린다. 권력이 있을 때는 아첨하고 따르지만, 세력이 없어지면 푸대접하는 염량세태(炎涼世態)가 이런 것이 아니겠는가?

 돈이 너무 많아도 탈이고, 너무 없어도 문제이다. 적당히 의식주 해결하고 가족 간에 모자라지 않게 지낼 수만 있다면 얼마든지 천수를 누릴 수 있을 것이다. 행복은 멀리 있지 않다. 21세기 AI 시대에 사는 현대의 사람들도 이 간단한 원리를 체득하고 여유를 가져야 한다.

 Give라는 단어 한마디가 이렇듯 많은 의미를 지니고 있다. "남에게 먼저 베풀고 준다는 것", 반드시 물질만이 아니고, 몸이고 마음도 될 것이다.

우리를 위해 피 흘린 나라, 에티오피아

시니어 인생을 조망하는 책자에 느닷없이 에티오피아가 나오니 의아하게 생각하겠다. 이유는 이러하다. 에티오피아는 대한민국이 북한의 침공으로, 6.25라는 전쟁을 치르는 가장 어려울 때 조건 없이 도와준 나라이다. 자기들과 아무런 인과 관계가 없는 나라에 단지 자유민주주의 수호라는 명분으로 전투 병력을 파병하여 우리나라를 지켜주었다.

대한민국 사람이라면 마땅히 알아야 하고, 그들의 희생을 값지게 예우해야 할 의무가 있다. 특히 전전(戰前)·전후(戰後) 세대가 어우러진 시니어 중 일부는 그들의 파병을 눈으로 보았기에 기억하고 있다. 절대로 망각해서는 안 되고, 에티오피아가 우리와 같은 위험에 처할 때에는 지체 없이 실제적인 도움을 주어야 한다. 대한민국은 사실상 세계가 공인하는 잘 사는 나라로 부상하였다. 이제는 우리가 진 빚을 갚아야 할 때이고, 그들의 고마움을 잊어서는 안 된다. 에티오피아를 신게 된 가장 중요한 이유이다.

아프리카에 있는 에티오피아라는 나라는 세계에서 가난한 빈국(貧國)으로 알려져 있다. 그런 나라가 1950년 6.25 전쟁 발발 시 우리나라를 돕기 위해 저 머나먼 아프리카에서 유엔군의 일원으로 파병해 온 사실을 알면 그저 놀랍고 신기할 뿐이다.

에티오피아 군(軍)은 1951년 5월 1일 유엔군의 일원으로 한국에 도착하여, 1965년 3월 1일 철수할 때까지 총 6,037명을 파병하였다. 이후 양구 화천 철원 등에서 작전을 수행하면서 253회의 전투에서 121명의 전사자, 536명 부상자 등 657명의 전상자를 냈다. 현재 60여 명의 참전용사가 생존해 있다.

에티오피아는 특히 자국의 어려운 사정에도 불구하고, 지상군을 보내주었다. 에티오피아 외에 남아프리카공화국도 우리를 도와주었지만 공군을 지원했다. 따라서 아프리카 대륙에서 지상군을 파병한 나라는 에티오피아가 유일하다.

당시 에티오피아의 하일레 셀라시에 황제는 일찍이 에티오피아가 이탈리아의 침략으로 어려움을 겪었기에, 북한의 침공을 당한 우리나라의 자유와 평화를 지킨다는 순수한 신념으로 파병을 결정했다. 국가 간 이해관계가 아닌 오직 침략으로부터 자유를 지키기 위한 결단이었다.

최정예인 황실 근위대를 주축으로 1개 대대를 편성하여, '격파'라는 의미의 '강뉴(Kangnew)' 부대로 명명했다. 강뉴부대는 동부전선의 혹한을 비롯한 극도의 악조건 속에서도 용감하게 싸워, 253번 전투에서 253번 전승을 하는 대전공을 세웠다.

강정애 보훈부 장관은 2024년 8월 5일 에티오피아 현지에서 6.25 전쟁 당시 참전한 에티오피아 용사 2,482명의 이름을 새긴 '명비' 제막식 행사를 가졌다. 한국 정부의 예산지원으로 제작된 명비는 6.25 전쟁 참전기념비 하단에 대리석으로 만들어졌다.

명비 제막이 늦어진 것은 과거 에티오피아의 공산 치하 시절 참전용사의 기록이 소실됐기 때문이다. 이후 당국과 유족의 조사로 명단을 확인했다. 한국은 이외 참전박물관, 참전용사 복지회관, 주변 환경 개보수 사업, 지하묘역 보수, 참전용사 후손의 장학금 지급, 대학생 교류프로그램 등 다양한 국제보훈 사업을 추진하고 있다.

강 장관은 "대한민국 정부와 국민은 전쟁의 위기에 처한 나라를 외면하지 않고, 따뜻한 손길을 내밀어 준 에티오피아의 참전 용사님들의 희생과 헌신을 영원히 기억하겠다."라고 감사의 뜻을 전했다.

강원도 춘천에는 에티오피아 참전기념관도 있다. 유엔군의 일원으로 참전했던 에티오피아의 전공과 고귀한 희생을 알리기 위해, 1968년 춘천 공지천에 기념탑이 건립됐고, 2007년에는 맞은편에 기념관이 건립됐다.

에티오피아는 인구 1억 3,000만 명에, 면적은 113만 6,000 km^2(한반도의 5배), 수도는 아디스아바바, 국민 1인당 소득은 2,000달러 미만으로 알려져 있다. 우리나라의 15분의 1 정도이다. 커피의 원조 국가로도 유명하다. 이 가난한 나라가 우리나라가 위기에 처했을 때 그 먼 아프리카에서 달려와 도와주었다. 우리나라는 이제 세계 10위권 경제 대국으로 성장하였다.

그들도 우리나라의 눈부신 발전을 보고 참전을 잘했다며 자랑스러워하고 있다. 우리는 파병해 준 22개 유엔 참전국 모두에게 감사의 마음을 가져야 하고, 특히 가난에 시달리는 에티오피아에 도움의 손길을 펼쳐야 한다. 해외여행도 이왕이면 에티오피아로 날아가 돈을 쓰고 그들의 상품도 사주었으면 좋겠다.

　우리는 이제 세계 어느 국가라도 쉽게 여행할 수 있다. 인천국제공항은 연일 출국 인파로 붐빈다. 명절이나 연휴 때면 공항이 미어터진다는 말이 적합하다. 대한민국의 땅에 살면서, 지식인이라고 자처한다면 우선 에티오피아를 다녀와야 한다는 게 나의 지론이다. 잘사는 나라는 좀 나중에 가봐도 괜찮다. 빈국(貧國)에 특별한 관광자원이 없어도 자주 방문하는 것이 도리일 것이다.
　국가도, 세계도 '기브 앤드 테이크(Give and Take)', 주고받는 관계이다. 국가 간이라고 해서 품앗이가 없을 수가 없다. 우리를 도와준 나라를 잊지 않고 되돌려 도와주는 것이다. 빚은 반드시 갚아야 한다. 그들 나라 국민에게 감사한 마음을 가져야 한다. 물론 정부 차원에서 잘하는 것으로 알고 있지만, 민간 차원에서도 교류를 활발히 하고 지원을 아끼지 않아야 할 것이다.

　에티오피아는 마라톤 강국이기도 하다. 2024년 프랑스 올림픽 마라톤에서 타이랏 룰라 선수가 24년 만에 남자부 우승 트로피를 들었다. 같은 올림픽에서 에티오피아 난민 출신인 시판 하산(31)이 비록 네덜란드 국적이었지만, 여자마라톤을 제패하여 사실상 에티오피아가 남녀 마라톤 우승을 하는 쾌거를 이룩했다.

이 나라의 마라톤 영웅은 아베베 비킬라이다. 그는 갑자기 부상한 동료를 대신하여 1960년 로마올림픽에 출전하여, 맨발로 달려 마의 2시간 20분대를 깨고 우승했다. 발에 맞는 신발이 없었기에 맨발로 뛴 것이었다.

그리고 4년 뒤 도쿄올림픽 한 달 전에 맹장 수술을 받고도 출전하여 올림픽 마라톤 2연패를 달성했다. 신화는 여기에서 그치지 않았다. 그는 황제가 선사한 차를 타고 가다 사고를 당하여 하반신이 마비됐다. 그럼에도 1970년 노르웨이 장애인 올림픽에 출전하여 우승을 차지했다. 급기야 사고 후유증으로 41세의 젊은 나이에 숨을 거두었다. 장례식에는 7만여 명의 사람들이 운집하여, 불굴의 도전 정신과 의지를 추모했다고 전한다.

개인이든, 사회든, 국가이든 홀로 성장할 수는 없다. 서로 도와가며 커가야 한다. 그런 의미에서 6.25 전쟁 당시 우리나라를 도와준 유엔군 참전 22개국을 잊어서는 안 된다. 전투 지원국은 미국, 영국, 프랑스, 네덜란드, 벨기에, 룩셈부르크, 캐나다, 필리핀, 태국, 뉴질랜드, 호주, 콜롬비아, 남아프리카공화국, 튀르키예, 그리스, 에티오피아 등 16개국이다. 스웨

덴, 인도, 덴마크, 노르웨이, 이탈리아, 독일 등 6개 나라는 의료지원을 하였다.*

  이들 국가는 이름도 모르는 대한민국이라는 나라의 평화를 위해 젊은 군인들을 보내주었다. 그리고 수많은 젊은 병사들은 이역만리 한국 땅에서 쓰러져 갔다. 왜 그들이 아까운 목숨을 희생하며 우리를 도와주었는가? 대한민국의 평화를 지켜주기 위해서였다.

  부산에는 세계 유일의 유엔기념공원(재한유엔기념공원, UN Memorial Cemetery in Korea)이 있다. 대한민국의 자유 수호를 위해 고귀한 생명을 바친 유엔군 전몰장병 14개국 2,330명의 영령이 잠들어 있다. 공원에는 참전 국가를 소개하고 있다. 1953년까지 34만 명의 전 세계 군인들이 참전하였다.

  우리는 최소한 부산의 기념공원에는 꼭 한 번 가서 우리나라를 위해 목숨 바친 용사들에게 참배하고, 그들의 넋을 위로해야 할 의무가 있다. 한시도 그들의 고귀한 희생을 잊어서는 안 된다. 나는 그래서 책의 성격에 좀 맞지 않기도 하지만, 에티오피아를 실었다.

---

*   부산 재한유엔기념공원 팸플릿 및 비석 자료.

시니어의 편지

우리가 영원히 잘사는 것이,
영원히 이기는 것입니다

  책의 〈PART 4〉에서 말씀드렸듯 대한민국은 세계에서 가장 잘사는 나라 중의 하나입니다. 어느 나라도 한국을 넘볼 수 없을 만큼 우리는 각 분야에서 세계 최고를 자랑하고 있습니다. 반만년 역사에서 지금과 같은 황금기를 누려본 적은 없었습니다. 저는 지금의 대한민국을 가히 '천국(天國)'이라고 말합니다. 이유는 앞에서 충분히 설명드렸기에 더 이상 언급하지 않으려 합니다.

  게으르지 않고 열심히 일하면 행복한 삶이 기다리고 있는 나라가 바로 대한민국입니다. 우리는 지금의 잘사는 대한민국을 보전하고 계승해서 후대에도 이어나가길 간절히 바랍니다. 제가 '우리가 세계 1등인데, 정작 우리가 잘 모르고 있다'

라는 제목의 글을 쓴 이유입니다. 바로 지금의 황금기를 자손 대대로, 역사가 이어질 때까지 계속되기를 바라는 마음에서입니다. 일시적인 현상이 아닌 지구가 멸망하지 않는 한 지속되는 영원불멸의 현상으로 이어지기를 염원하기 때문입니다.

 세계는 약육강식(弱肉強食)의 시대입니다. 예나 지금이나 힘이 센 자가 약한 자를 잡아먹는 살얼음의 경쟁 시대입니다. 러시아-우크라이나 전쟁에서 보듯이 힘이 없으면 영토를 빼앗깁니다. 주권도 강탈당해 강자(強者)의 식민지로 전락하고 맙니다.
 미국 우선주의를 표방하는 미국의 트럼프 대통령은 젤렌스키 우크라이나 대통령과의 광물 협상에서 의견이 맞지 않고, 서로 언성을 높이게 되자 협상을 중단하고, 우크라이나에 대한 군사지원을 잠정 중단했습니다. 바로 얼마 전 2025년 3월 초의 일입니다. 젤렌스키는 백기를 들고 말았지요. 미국의 비인도적인 처사라는 서방국가의 비판도 있었습니다만, 종국에 이는 무엇을 말하고 있습니까?
 국가는 스스로 나라를 지키는 힘을 가져야 하고, 그렇지 못할 땐 강대국에 의지해야 하고, 또 그렇지 못할 땐 강대국에 복종해야 한다는 국제사회의 냉엄한 현실을 말하는 것입니다. 그리고 도움을 받았다면 반드시 빚은 갚아야 한다는 논리를 확인한 것이지요. 미국으로서는 우크라이나 전쟁에 수백억 달러의 군사지원을 한 만큼 대가를 받으려 할 것입니다. 그 대가가 무산되려 하니 협상이 중단된 것이지요. 인정(人情)의 논리가 통하지 않는 국제사회의 가차 없는 질서를 우리는 알아야 합니다.

우리의 근·현대사가 어찌 됐는지는 여러분이 잘 아시고 계실 것입니다. 대한민국은 역사 이래 중국과 일본의 외침을 당하고, 특히 중국의 종속을 당하며 살아왔습니다. 일본의 침공으로 일어난 임진왜란이라는 7년 전쟁도 겪었습니다.
그로부터 시간이 흘러 조선을 놓고 청(淸)과 러시아, 일본이 경쟁하며 달려든 것이 불과 130여 년 전의 일입니다. 3국은 제각기 대한민국의 지배권을 놓고 살벌하게 대치합니다. 그때 우리는 아무런 힘도 없이 구경만 하는 비참한 상황이었습니다. 구한말의 조선은 열강에 의해 좌지우지되는 불쌍한 나라였습니다.
1882년 임오군란 진압을 명분으로 청군(淸軍)이 조선에 들어오고, 일군(日軍)도 공사관 보호 명목으로 조선에 진주합니다. 1894년 동학농민혁명이 발생하자, 조선의 구원요청을 받은 청군이 조선에 다시 파병되고, 일군도 진주함에 따라 전운이 감돌지요.

1895년 명성황후가 시해되는 을미사변(乙未事變)이 발생

합니다. 나라의 국모가 일본 무리에 의해 잔인하게 난자당해 죽고, 시신이 불태워집니다. 천인공노할 일이 아닙니까? 고종은 아내의 죽음에도 생명의 위협을 느껴 러시아 공사관으로 거처를 옮깁니다. 1896년의 아관파천(俄館播遷)입니다. 조선의 왕이 자기 땅에서 왕궁을 피해 러시아 공사관으로 피신하는 일이 발생한 것입니다.

청일전쟁(1894)과 러일전쟁(1904)이 터졌고, 일본이 승자가 됩니다. 일본이 조선을 집어삼키기 위한 음모를 차근차근 진행하고 있을 때 우리를 도와준 나라는 없었습니다. 일본은 시모노세키 조약을 통해 조선의 청에 대한 조공의례(朝貢儀禮)를 폐지하여, 조선을 독립시킵니다. 그러나 이는 조선에 대한 청의 권한을 박탈한 것으로, 일본이 조선 지배권을 확보한 것이지요. 러시아 또한 포츠머스 조약을 통해 일본과 종전(終戰)하며, 조선에서 손을 떼게 됩니다.

일본은 1905년 11월17일 을사늑약(乙巳勒約)을 강제 체결하기 직전, 불과 몇 개월 동안 가쓰라 데프트 밀약(日-美), 제2차 영일동맹(英-日), 포츠머스 조약(日-러) 등을 통해 대한민국 지배에 관한 열강의 묵인을 받습니다.

그러니 을사늑약으로 조선의 외교권을 빼앗아도 누구도 제동을 걸지 않았습니다. 어떤 나라든 자국(自國)의 이익을 가장 우선합니다. 힘없는 우리만이 꼼짝없이 당한 것이지요. 을사

오적(이지용, 이완용, 박제순, 권중현, 이근택)도 이때 나왔습니다.

　5년 후인 1910년 8월29일 조선은 일본에 나라를 통째로 빼앗기는 경술국치(庚戌國恥)를 당하고 맙니다. 이에 앞서 1907년 고종이 네덜란드 헤이그 만국평화회의에 3인의 밀사(이준, 이상설, 이위종)를 보내 조선독립을 외쳐보지만, 허사에 그칩니다. 이로 인해 자신은 폐위되고 순종이 이어받습니다. 1909년 10월 26일 안중근 의사가 일제 원흉 이토 히로부미를 하얼빈에서 사살합니다.

　일본이 미국의 원폭을 두들겨 맞고, 2차 세계대전에서 항복선언을 함에 따라 우리는 1945년 8월15일 독립을 하게 됩니다. 그러나 1950년 6월 25일 북한의 침공으로, 6.25 전쟁이 발발합니다. 유엔군과 맥아더 장군의 인천상륙작전으로 우리는 위기에서 가까스로 벗어날 수 있었습니다.

　6.25 전쟁이 발발하기 전인 1950년 1월 2일 발표된 '에치슨 라인'은 미국의 극동방위선이지요. 그 선(線)은 알류산 열도-일본-오키나와-필리핀으로 하여, 한국과 타이완은 빠졌습니다. 이승만 대통령이 강한 이의를 제기하였고, 한미상호방위조약이 1953년 체결돼 이듬해 11월 발효되었습니다. 지금까지 유지되고 있지요. 주한미군도 이 조약에 근거합니다.

　한국의 안보에 이 조약은 매우 중요합니다. 한국은 미국과 맹방(盟邦) 관계를 유지해야 합니다. 한국 미국, 양국은 합심하여 북한의 핵 위협과 침범, 그리고 중국 러시아의 움직임에 대처해야 합니다. 지금의 번영과 평화를 누리기 위해서는 한국과 미국, 두 나라는 물론, 일본과도 공동전선을 펼쳐야 합니다. 우리에게 안보(安保)만큼 중요한 것은 없습니다.

사회 일각에서는 반미(反美) 친북(親北)을 외치는데, 6.25 당시 어느 나라가 우리를 도와주었는지 반드시 알아야 하고, 안다면 그런 구호는 외칠 수 없습니다. 은혜를 원수로 갚을 수는 없습니다. 우리는 UN 참전국에 빚을 졌습니다. 가족 간의 빚이라 할지라도, 빚은 반드시 갚아야 합니다. 하물며 국제사회에서는 더 말할 필요가 없습니다.

남북으로 분단된 상황에서도 대한민국은 불굴의 의지로 오늘의 번영된 나라를 만들었습니다. 지난해 기준으로 1인당 국민소득 4만 달러 이상 국가는 미국 영국 독일 프랑스 등 10여 개 국이었고, 한국은 3만 달러 박스권입니다. 그리고 세계 10위권의 경제 대국이지요. 저는 우리나라가 전쟁의 참화를 딛고 세계 속의 잘사는 나라로 우뚝 선 것은 우리 국민의 노력과 근면, 뛰어난 머리와 강한 의지라고 생각합니다.

저는 국가를 지키기 위해서는 강력한 힘(Power)을 가져야 한다고 생각합니다. 힘(Power) 이란 군사력, 경제력, 인구력, 영토력, 외교력 등 다섯 가지입니다. 이를 보강하기 위한 끊임없는 노력이 강구되어야 합니다. 북한은 절대로 핵을 포기하지 않습니다. 그렇다면 우리도 핵을 가져야 하고, 핵은 핵으로 맞서야 합니다. 언제 터질지 모르는 핵을 머리 위에 두고 살 수는 없습니다. 평화에는 공짜가 없습니다.

 이러한 종합적인 파워를 가져야만 국제사회에서 밀려나지 않고, 살아갈 수 있습니다. 우리가 스스로 지키지 않고, 자강(自强)의 노력을 목숨 바쳐 기울이지 않는다면, 또다시 과거의 참혹한 전철을 밟을 수 있습니다. 지금의 평화와 풍요에만 만족하여 자만한다면 언제든지 위기의 상황을 맞을 수 있습니다.

 국가가 없다면 정치도 경제도 가족도 없으며, 시위도 못 합니다. 시위도 먹고살며 하는 것이지, 못 먹고 굶주린다면 할 수 없습니다. 먹고사는 것이 참으로 중요합니다. 일제 치하 36년의 고통과 치욕을 잊지는 않으셨겠지요. 일제 당시 일 헌병에게 붙잡히면 태형(笞刑: 볼기를 작은 형장으로 치던 형벌)까지 당했다고 합니다. 그런 고통과 탄압을 또 당하시렵니까?
 우리는 지금의 평화와 평화와 행복을 잘 지켜, 후손들에게 물려주고, 여하한 난관도 극복하여, 잘살아야 합니다. 우리가 잘사는 것만이 다른 나라를 이기는 길입니다. 영원히 잘살아야, 영원히 이기는 것입니다. 그리고 우리를 도와준 나라들을 절대로 잊어서는 안 될 것입니다.

아프리카의 가난한 나라 에티오피아가 무엇 때문에 젊은 군인들을 파병하여 피를 흘리며, 우리를 도와주었겠습니까? 자유민주주의를 지향하기 때문입니다. 에티오피아도 쓰라린 아픔이 있었기에 그 먼 아프리카에서 대한민국의 전쟁터로 달려온 것입니다. 에티오피아는 1인당 국민소득이 2,000달러가 채 안 되는 빈국(貧國)입니다.

우리는 에티오피아를 비롯한 16개 전투지원국 및 6개 의료지원국 등 22개 유엔 참전 국가에 늘 감사하는 마음을 가져야 합니다. 평화와 정의를 사랑하지 않고서는 남을 도와줄 수 없습니다. 그들은 한국이 어디에 있는 나라인지도 모른 채 유엔군의 일원으로 참전한 것입니다. 참으로 고마운 나라, 고마운 사람들입니다. 우리는 부산에 있는 재한유엔기념공원을 찾아 우리나라를 위해 희생한 전 세계 영령들을 참배하고, 그들의 영생불멸(永生不滅)을 빌어야 합니다. 저는 그것이 도리라고 생각합니다.

이제 나이가 드니 세상이 좀 눈에 보이는 듯합니다. 제가 살아온 70년 중 지금이 대한민국 최고의 시대입니다. 다시는 놓치기 싫은 황금기가 2025년의 오늘입니다. 오늘의 풍요와 평화가 내일에도, 모레에도, 영원토록 계속되어 자손만대까지 잘살게 되었으면 좋겠습니다. 우리는 꼭 잘살아야 하고, 잘사는 나라가 되어야 합니다.

에필로그

후회하지 않을 시니어 인생을 기약하며

　인생을 돌이켜 보면 후회를 하지 않은 적은 없다. 후회하지 않는 게 아니고, 후회의 숫자를 얼마나 줄여나가느냐 하는 것이다. 어차피 후회는 할 수밖에 없다는 말이기도 하다. 2024년 초에 발간한 나의 책《나의 인생, 나는 나대로 산다》에서도 강조했듯이 나의 주장은 여생을 행복하고 즐겁고 재미나고, 후회 없이 살아야 한다는 것이다.
　행복은 지금 당장 써먹어야 하고, 결코 미뤄서는 안 된다. 지금(Now)과 여기(Here)이다. 나는 나이를 먹을수록 좀 더 자존심을 갖고 프라이드를 가져야 한다고 생각한다. 절대로 나이로 주눅 들어서는 안 된다. 시니어들은 자신이 이 시대를 개척해 온 주인공이라는 사실을 알았으면 한다.
　나는 늘 이 말을 강조한다. "당신은 당신이 생각하는 것보다 더 아름답다(You are more beautiful than you think)." 실제로 그러하다. 당신보다 더 멋지고 아름답고 용기 있는 사람은 없다. 당신이 바로 스타이다. 시니어 스타이다. 세상에 스타는 노래 부르는 가수, 연기하는 배우뿐만 아니라, 자신의 일을 묵묵히 하는 수많은 보이지 않는 스타들로 움직인다. 단지 그가 누구인지 잘 모를 뿐이다.

이번 책에서는 시니어의 인생과 성(性)의 문제에 대해 내 나름의 생각을 써보았다. 그리고 우리 대한민국이 영구히 잘 사는 방법과 안보(安保)에 대해서도 방책을 제시했다. 읽는 사람이 얼마나 호응할지는 미지수이다. '7학년'에 입문한 글쓰기 왕초보가 무엇을 안다고 글을 썼겠느냐만 지금의 시니어들은 마땅히 대우를 받아야만 한다고 강조했다.
왜냐하면 그들이 가난한 나라를 풍요롭게 하고, 힘들게 공부하여 일가(一家)를 이루었기 때문이다. 그들의 눈물과 땀과 고뇌, 그리고 기쁨과 보람을 내가 아는 것만큼 기술하였다. 또한 선결 과제가 사회적 편견에 따른 성(性)의 문제였다.

아직은 건강과 활력이 충분한데도 외면당하고 있었다. 이 문제의 해결이 행복한 시니어를 위해서는 가장 기본적이고 필수적인 사안인데도, 사회로부터의 편견과 질시에 주눅 들고 있었다. 그래서 몇 꼭지를 언급하여 나라와 사회의 이목을 집중시키고자 하였다. 부드럽고 효율적으로 풀렸으면 하는 바람이다.

비록 인생의 문제는 아니라 할지라도 "지금 우리나라는 남부럽지 않은 선진국으로 잘살고 있으며, 이러한 평화와 풍요를 후손들도 함께할 수 있도록 방안도 강구해 보았다. 과거 우리는 나라 없는 설움을 충분히 당해보았다. 이제는 그 같은 쓰라린 고통을 되풀이해서는 안 된다.

어차피 인간은 나이가 들면서 노화되고 늙어간다. 누구도 피할 수 없는 자연의 섭리이다. 그 자연의 섭리를 거스를 수 있는 사람은 아무도 없으며, 겸손하게 순응해야 한다. 다만 점점 다가오는 늙음과 노화와 질병을 거부하지 말고 차분히 맞이할 마음의 준비를 하고, 그런 가운데 행복과 즐거움과 재미를 찾아야 한다. 그런 마음가짐을 갖고 있다면 늙음과 죽음을 두려워할 필요는 없을 것 같다.

세상에 내 마음대로 되는 것은 없다. 태어나는 것도, 죽는 것도 인연과 운명에 의해 결정된다. 내가 하고 싶다고 해서 되는 게 아니다. 인간은 혼자 살 수 없으며, 사람과 지역과 사회와 공존한다. 나 혼자 산다고 생각하면 오산이다. 인생 80년이 그럴진대 돈도 명예도 욕심도 과하면 추락하고야 만다.

시니어는 시니어답게 행동하고, 편하고 여유 있는 자세에서 의연하고 품위 있는 생활을 영위해 나가야 할 것이다. 책을 마무리하면서 남기는 나의 소망이다.

부족한 원고를 좋은 책으로 만들어 주신 김병호 편집장님과 황금주 매니저님, 김효나 디자이너님 등 '바른북스' 관계자 여러분들에게 진심으로 감사 인사를 드린다.

생각이 늙지, 나이가 늙냐?

초판 1쇄 발행 2025. 6. 10.

지은이   조용호
펴낸이   김병호
펴낸곳   주식회사 바른북스

편집진행 황금주
디자인   김효나

등록   2019년 4월 3일 제2019-000040호
주소   서울시 성동구 연무장5길 9-16, 301호 (성수동2가, 블루스톤타워)
대표전화 070-7857-9719 | **경영지원** 02-3409-9719 | **팩스** 070-7610-9820

•바른북스는 여러분의 다양한 아이디어와 원고 투고를 설레는 마음으로 기다리고 있습니다.
이메일   barunbooks21@naver.com | **원고투고** barunbooks21@naver.com
홈페이지   www.barunbooks.com | **공식 블로그** blog.naver.com/barunbooks7
공식 포스트 post.naver.com/barunbooks7 | **페이스북** facebook.com/barunbooks7

ⓒ 조용호, 2025
ISBN 979-11-7263-416-2 03810

•파본이나 잘못된 책은 구입하신 곳에서 교환해드립니다.
•이 책은 저작권법에 따라 보호를 받는 저작물이므로 무단전재 및 복제를 금지하며,
 이 책 내용의 전부 및 일부를 이용하려면 반드시 저작권자와 도서출판 바른북스의 서면동의를 받아야 합니다.